交易

商业模式设计的→底层逻辑

朱武祥 朱婧雯◎著

人民邮电出版社

北京

图书在版编目（CIP）数据

交易：商业模式设计的底层逻辑 / 朱武祥，朱婧雯
著. -- 北京：人民邮电出版社，2024.1
ISBN 978-7-115-62698-1

Ⅰ. ①交… Ⅱ. ①朱… ②朱… Ⅲ. ①商业模式－研
究 Ⅳ. ①F71

中国国家版本馆CIP数据核字(2023)第193876号

◆ 著　　　　朱武祥　朱婧雯
　责任编辑　恭竟平
　责任印制　周昇亮
◆ 人民邮电出版社出版发行　　北京市丰台区成寿寺路 11 号
　邮编　100164　　电子邮件　315@ptpress.com.cn
　网址　https://www.ptpress.com.cn
　北京虎彩文化传播有限公司印刷
◆ 开本：880×1230　1/32
　印张：8.75　　　　　　　　　　2024 年 1 月第 1 版
　字数：211 千字　　　　　　　　2024 年 8 月北京第 4 次印刷

定价：69.80 元

读者服务热线：(010)81055296　印装质量热线：(010)81055316
反盗版热线：(010)81055315
广告经营许可证：京东市监广登字 20170147 号

从小到大，我们接受的教育都是要多读书，要学很多知识，但这与成功存在必然联系吗？

曾有人问美国经济学家、哈佛大学前校长萨默斯，为什么当今不少非常成功的企业家连大学都没毕业？比如，微软创始人比尔·盖茨，苹果公司创始人乔布斯，Facebook（脸书）创始人扎克伯格，戴尔电脑创始人戴尔，甲骨文公司创始人埃里森……

萨默斯回答道："当今最成功的人，他们最特别的不是掌握了多少知识点，而在于他们思考问题的方式，在于他们能把很多东西结合在一起的方式，在于他们能够发现人们从前看不到的模式。"

每一个个体、企业和组织，都会面临资源能力有限和约束的问题，想靠自己积累所有的资源能力是非常困难的，速度会很慢，效率也很低。随着资源能力越来越丰富，高效的方法就是有效地把大家的资源能力组合在一起。

我们发现，一些资源能力优势明显的企业，发展速度和企业价值却落后于资源能力优势中等的企业。为什么会这样呢？

这恰恰是商业模式可以回答的！

"现代管理学之父"彼得·德鲁克说，当今企业之间的竞争，不是产品之间的竞争，而是商业模式之间的竞争。

这些年，很多行业产能过剩，成为红海。置身红海的企业家很痛苦，但对具有商业洞察力和商业模式思维的人来说，却能从中发现新的机遇，创建新的模式。所以，恰恰从红海里冒出很多新的商业模式和创业神话。

这是因为红海行业意味着产业链的每个环节都有充分的资源能力供应，企业不需要从头开始做，不需要建厂房、买机器、培训员工、培养管理人员等，只需发现商机和价值空间，组建好团队，构建一个好的商业模式，去组合别人的资源能力，打磨好产品。

因此，身处的红海未必就是红海，守着的蓝海也未必就是蓝海。如果能在红海找到解法，红海就会变成蓝海；如果在蓝海找不到解法，蓝海过两年就会变成红海。

越来越多的人在谈论商业模式，"商业模式"已成为一个热门概念。投资人、企业家、政府、证券市场监管机构、学者等，都对其产生了浓厚的兴趣。

2018 年 4 月 26 日，任正非在与华为定价体系部门员工的座谈会上指出，华为要成为领导者，就一定要考虑商业模式的构建问题，要把商业模式创新看得和产品创新一样重要。

然而，绝大多数企业没有描述过自己的商业模式，通常描述的是组织架构——科层组织、矩阵组织、事业部组织，或者描述产品和业务组合。科创板要求企业描述商业模式，但多数企业描述不清楚，给人的感觉是商业模式好像人体的经络，一般人感觉不到它的存在。

原因在于，关于商业模式，一直没有一个公认的定义。目前，商业模式的定义有数十种，众说纷纭，比如"做生意的方式""赚钱的方式""企业资源配置的方式""价值创造、分配和传递的逻辑""企业经营活动系统及治理结构""把用户价值转换为企业价值的方式""在创造用户价值过程中用什么方法获得商业价值"等。

同样，人们对商业模式构成模块的提炼也是五花八门。

我一直在清华大学经济管理学院任教，主业是研究和讲授公司金融。从 2005 年开始，我和北京大学汇丰商学院教授魏炜合作研究商业模式，跟踪研究了大量企业，发现很多企业出问题，表面上看是管理出了问题，但深入研究后发现是商业模式出了问题。我们也发现很多行业有一些高手，他们设计了巧妙的商业模式，用最少的资源能力化解了约束，撬动了众多外部资源能力，获取了最大的收益。

从 2009 年开始，我们分别在清华大学经济管理学院和北京大学汇丰商学院给 EDP（Executive Development Programs，高级经理人发展课程）开设商业模式课程，后来也在 EMBA、MBA 开课了。目前，商业模式课程是清华大学经济管理学院、北京大学汇丰商学院的 EMBA 必修课和 MBA 选修课。我们认为，商业模式课程应该是商学院的核心课程，本科、硕士阶段也应该开设。目前，开设商业模式课程的商学院为数不多。我们希望并且相信会有越来越多的教师投身于商业模式研究，会有越来越多的商学院开设商业模式课程。

学习商业模式有两个非常重要的目的。

第一，解除自身的资源能力约束，提高资源能力的杠杆效率。

做一件事需要 10 种资源能力，但你只有两种，怎么办？

自己积累，速度太慢，事倍功半！你要知道另外 8 种资源能力在谁手里，然后用设计好的商业模式，去吸引他的资源能力，解除自己的资源能力约束，从事倍功半到事半功倍，再到四两拨千斤！

第二，让自身的资源能力价值最大化。

一个好的商业模式可以帮助你实现资源能力价值最大化。比如，你的产品很好，但是卖不上价格，只能卖 1 元，你如何设计一个好的商业模式，让别人愿意花 3 元来买？

在职场中，你的工作能力很强，但是僧多粥少，升职加薪的速度很慢，你该如何转变模式，增加收入呢？

现在大家都很重视思维方式，比如战略思维、互联网思维、金融思维等概念很受追捧。我们还需要培育商业模式思维，使自己做事效率更高、速度更快、成效更好。

本书将介绍我们创建的商业模式理论，内容包括商业模式的定义、构成模块、设计框架、评估维度等。

全书共 10 章。第 1 章通过一些有趣的小故事、小案例，让读者感受商业模式的魅力，感知商业模式无处不在，不管是企业还是个人的发展问题，都可以用它来成功破局。第 2 章介绍了我们的商业模式理论，主要包括商业模式的定义和构成模块，让读者了解什么是商业模式。第 3 章至第 7 章从商业模式六大构成模块入手，分别介绍了经营活动的优化设计、交易要素的识别与利用、交易主体与交易方式的选择、交易收支（盈利模式）的优化和交易风险管理，让读者知道如何设计一个好的商业模式。第 8 章介绍了商业模式评估，让读者掌握多维度评估一个商业模式的方法。第 9 章介绍了企业内部交易结构优化及重构，让读者透过表面的管理问题看到深层的商业模式问题，明白好的商业模式能用二流管理做出一流业绩。第 10 章介绍了企业如何借助外部交易解决发展难题，给创业型企业、中小企业、民企等处于困局中的企业提供启示和借鉴。

本书的成稿，首先得益于喜马拉雅前内容总监张鹏先生。他在 2018 年 4 月旁听了我在清华大学经济管理学院 MBA 商业模式课程的几堂课后，深有感悟，就热情邀请我到喜马拉雅录制商业模式音频课程。我们合作了半年多，完成了音频内容的录制。我们当初就计划把这个音频内容整理充实后出版成书。后来张鹏先生联系了人民邮电出版社社科人文分社社长恭竟平女士，她调动团队多位编辑协助我将我在喜马拉雅录制的商业模式音频内容进行了文字整理。

我和清华大学经济管理学院创新创业与战略系博士生朱婧雯，对根据音频内容整理的初稿进行了大范围的章节结构调整，补充了新的案例。人民邮电出版社编辑则对文字进行了细致的审阅。可以说，没有他们的整理，这本书不可能这么顺利出版。特此致谢！

此外，本书引用的一些案例内容源自媒体报道、论文和调研报告，我们尽可能标注了案例来源。有个别案例援引网上资料，因难以考证作者和原始出处，故未标明来源。对这些内容的原创者，我们深表谢意！

感谢清华大学经济管理学院 EMBA 陈先保、王华春、赵国成、陈永杰、姜海林、陈明新同学对清华大学经济管理学院商业模式创新研究中心的热心捐赠。

最后，我们希望阅读完本书，读者能形成商业模式思维，运用我们的商业模式理论和设计框架去有效解决问题，用自身最少的资源能力，通过最妙的商业模式去撬动最多的资源能力，实现事半功倍甚至四两拨千斤的效果。

朱武祥

清华大学经济管理学院金融系教授

清华大学经济管理学院商业模式创新研究中心主任

CONTENTS ◀ 目 录

第 1 章
商业模式设计：构造持续产生最优交易的机器　001

商业世界的本质是交易。与交易有关的各因素、各环节的变化，都会直接影响交易的结果。商业模式就是对交易进行综合性、系统性的思考和设计，从而保证企业和个人都能持续做出使自己利益最大化的交易。

第 2 章
商业模式思维：寻找鱼和熊掌兼得的交易结构　　027

　　商业模式既包含硬件层面的因素，亦存在思维层面的因素。依托构成交易的各个模块，构造破解自身资源能力瓶颈的办法，将利益冲突者变为利益相关者，这是商业模式的核心内涵。让商业模式在思维层面动态化，不停围绕交易各模块持续进化，经过时间的积累，这样就能构建起企业真正的护城河。

第 3 章
经营活动优化：该强化的强化，该剥离的剥离　　071

一方面，经营活动是参与交易的前提条件，没有经营，就谈不上交易。另一方面，经营活动亦是可控性最强的领域，该干什么，不该干什么，完全由企业自己决定。这一切就决定了商业模式优化需要从经营活动优化开始，通过不断调整业务活动范围，强化优势，弥补不足。

第 4 章
交易要素优化：资源能力越多，设计的空间越大　　097

交易的本质就是资源能力的交换。涵盖的资源能力越丰富，商业模式提供的交易可能性就越多、交易的规模就越大。谁能识别更多的资源能力，并通过商业模式的设计，让这些资源能力发挥最大的价值，谁就将在商业领域处于更主导的地位。

第 7 章
交易风险管理优化：让合适的人承担合适的风险　　171

谁制造的风险谁承担，谁有意愿和能力谁承担，围绕这两大原则，商业模式可以不断优化，进而降低企业经营风险。让守约收益远大于违约的机会成本，让违约惩罚远大于守约收益……坚持这些原则，交易结构就能持续避免机会主义带来的伤害。

第 8 章
评估：快速判断一个商业模式是否靠谱　　185

不管是设计自己的商业模式，还是研究其他企业的商业模式，我们都应该有一套标尺。通过这套基于成效和风险的标尺，我们能快速判断商业模式中存在哪些缺陷，并快速找到优化的方向和方法。

第 9 章
管理方式变革：基于商业模式思维解决企业内部难题　211

在传统企业管理模式中，不管是职能部门本身还是各部门之间的关系，都很容易僵化。通过在管理中运用商业模式思维，将交易机制引入企业内部，就能充分释放企业内部蕴含的活性。让各部门和员工都成为交易主体，他们就会展现出强大的自驱力。

第 10 章
外部借力：让商业模式成为突破约束条件的高效杠杆　233

在商业世界中，资源是企业存在的支点，商业模式则是企业发展的杠杆。好的商业模式能帮助企业清除各种发展障碍，能帮助企业集结和调动各种外部力量。

1

第 **1** 章

商业模式设计：
构造持续产生最优交易的机器

商业世界的本质是交易。与交易有关的各因素、各环节的变化，都会直接影响交易的结果。商业模式就是对交易进行综合性、系统性的思考和设计，从而保证企业和个人都能持续做出使自己利益最大化的交易。

知识交易：薛兆丰的在线音频课

2018 年，当时在北京大学国家发展研究院任职的薛兆丰教授与汪丁丁教授就"知识付费"这一话题发生了争论，还在网上引发了热议。

商业模式案例

在传统模式中，教师一般都靠在线下授课赚钱，受众面窄，重复性高。这种方式占用太多时间和精力，有时候还要求出差上课，导致教师很辛苦。

薛兆丰教授借助互联网知识付费平台，采用了新的触达受众的渠道，通过在线音频课程的方式上课。虽然客单价很低，但这种方式显著扩大了受众面。教师花时间一次性打磨好产品，无须重复讲授，收入反而激增。

这种方式引发了不少争议，特别是学院派教师对此持不同意见。比如，北京大学国家发展研究院的汪丁丁教授就说，付费能买到的只是"三流知识"，而"一流知识"是免费的。薛兆丰教授则回应道，知识不应该分三六九等，没有什么知识是天生就高人一等的。

知识是否分三六九等？是否有高人一等的知识？"一流知识"是否免费？"一流知识"的创造者是否能赚大钱？大家各有观点，这些问题我们在后面再进行讨论。抛开薛、汪两位教授的争论，薛兆丰教授确实是采用了知识付费的新模式，创造了大学经济学科"教书匠"赚钱的纪录！

慈善拍卖：昂贵的巴菲特午餐

商业模式案例

从 2000 年开始，每年 6 月底，巴菲特会面向全球拍卖与他共进午餐的权利，所得将捐给旧金山非营利组织格莱德基金会。这一权利于 2003 年开始转为在 eBay 拍卖，中标者最多可带 7 位亲友参加。午餐地点可以是巴菲特居住的奥马哈市或者纽约 Smith & Wollensky 牛排馆。

巴菲特利用自己在投资界的声誉，通过拍卖，出让一年一度与他共进午餐的时间，把中标者出的钱捐赠给指定的慈善机构。2000—2019 年巴菲特慈善午餐拍卖金额如图 1-1 所示。

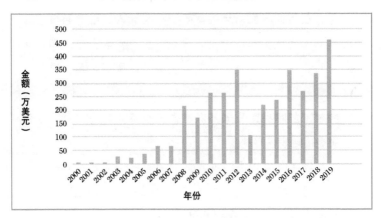

图 1-1　2000—2019 年巴菲特慈善午餐拍卖金额

到 2019 年为止，巴菲特慈善午餐拍卖共进行了 20 次。2020—2021 年因疫情暂停。巴菲特宣布 2022 年为最后一次，最终拍卖价格为 1900 万美元。巴菲特慈善午餐累计筹资 5295 万美元。

 拓展思考

如果你花了上百万美元获得与巴菲特共进午餐的机会，你会如何把钱赚回来？

互换收益："商圣"范蠡的第一桶金

商业模式案例

范蠡是中国早期的商业理论家和实践家，被后人尊称为"商圣"。他曾献策辅佐越王勾践复国，后归隐。

范蠡在辅佐越王勾践之前是一个生意人。刚开始做生意的时候，他发现吴越一带因为战乱频发，需要大量战马。北方的战马又便宜又剽悍，如果他能将其贩卖到吴越，就可以大赚一笔。

但是，当时兵荒马乱，沿途强盗很多，风险很大，如何把马安全地运到吴越呢？

范蠡做了一番调查后发现，北方有一个富商叫姜子盾，他经常贩运麻布到吴越，早就花大价钱买通了沿途的主要强盗，所以他的商队一路通行无阻。

范蠡就想利用姜子盾的这个资源，但他又不能把本意明确告诉对方。于是，范蠡写了一张告示并抄写多份，分别贴在姜子盾经常路过的城门口和闹市区。告示上写着：后生范蠡，新建马队，开业酬宾，免费送货。

　　姜子盾一看，发现有便宜可占，于是找到范蠡，希望范
蠡能用马队帮他运送麻布到吴越。范蠡的交易模式如图 1-2
所示。

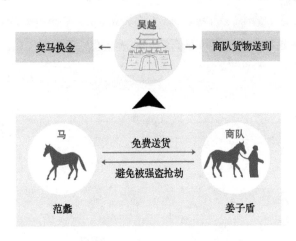

图 1-2　范蠡的交易模式

　　后来他们一路同行，当货物和马安全到达吴越后，马很
快就被卖掉，范蠡大赚了一笔。这笔钱成了范蠡的第一桶
金，为他后来的生意乃至仕途打下坚实的基础。

　　范蠡贩马的成功，不仅因为他善于发现商机，更重要的是，他发
现和利用了姜子盾积累的资源能力，解除了自己的资源能力约束。
　　我们来看一个相反的故事。
　　颐和园乐寿堂（慈禧太后的寝宫）前的庭院里有两块大石头，
其中一块上面有乾隆皇帝御笔亲题的"青芝岫"，可它的俗称是"败
家石"。
　　一块大石头为何有此俗称？这源于明朝著名书画家米万钟。米
万钟平时喜欢收藏奇石，有一天在房山的深山里发现了一块巨石，

就想把它运回他在海淀的私家园林。于是，他找了 100 多人、40 多匹马，花了 7 天时间才把巨石拖出深山。为了支付高昂的运费，他变卖了很多家产，又花了 5 天时间才把巨石拖到良乡，然而距离海淀还有三四十公里。传闻这时他已倾家荡产了，不得不放弃。所以，人们戏称这块石头为"败家石"。后来乾隆皇帝发现了这块巨石，将它运回来，放在了颐和园。

从表面上看，米万钟低估了运送巨石所需的费用，以至于倾家荡产也没能如愿。而从商业模式的角度来看，米万钟是因为没有找到开源（增加收入）分流（分担投资）的模式。

 拓展思考

1. 范蠡利用姜子盾的资源成功贩马。如果你是姜子盾，后来发现范蠡利用自己发了大财，会作何反应？你会很气愤，找上门要求分成，还是有其他做法？

2. 米万钟倾家荡产都没能把巨石运回家，如果换成你，你能否想出好办法，在不破产的前提下把巨石运回家？

转移成本：开在大企业里的小咖啡店

我们再来看一个咖啡店的案例。

现在有很多年轻人想开咖啡店。随着人们饮用咖啡的需求逐年增加，想开咖啡店的人自然很多，但失败的案例也很多，事实上咖啡店的生意不太好做。

我们知道，开咖啡店通常要选择好的地段。好地段客流量大，但是房租也很高；同时，过路客占比较大会导致收入不稳定。因此，

很多店红火一阵子后就难以为继了。如果地段不好，客流量小，咖啡店就更不容易生存了。

那么，有没有一种办法既可以降低成本，又能稳定地获取一定的客流量呢？

常规做法很难解决这个问题，不管是从战略、营销的角度，还是从运营管理的角度，都很难破局。想从根源上解决这个难题，就要靠商业模式创新。

有一个小伙子设计了一种商业模式，把咖啡店的生意做得很红火。做生意无非是增收降本，但怎么增、怎么降，具体的招数就有高低之分了。我们来看看这个小伙子有什么高招。

商业模式案例

小伙子发现很多公司的员工有喝咖啡的需求。一般公司会购置自助咖啡机放在办公场所，员工自制自取。但在这种方式下，咖啡品类少，口味也比较单一。于是，他找到一家大型互联网公司，对负责人说："我帮你在公司办公楼旁边给员工建造一个好的喝咖啡场所，咖啡品类多、口味好，环境舒适。员工来这里喝咖啡可以享受半价优惠，还可以在这里边喝咖啡边开会。但你要给我出租金，再出一部分装修费。"

这样可以显著降低场地租金和获客成本，也保证了客源的规模及稳定性。大公司有很多员工，咖啡店光靠员工的消费就可以维持盈亏平衡。此外，咖啡店还可以服务周边其他客源，以增加收入。

这就是商业模式设计的效果：降低了投资成本，获得了现成、稳定、可观的客源。

你可能会问，为什么大公司不自己开个咖啡店？这是因为咖啡店这个生意不在这些大公司的业务定位范围内。当然，你可能认为和大公司合作的机会，普通人是够不着的。其实，你也可以不找大公司合作，找其他机构或者创业园来合作，比如商学院的教学大楼。

上面介绍的商业模式是通过经营咖啡店赚钱，你还可以采取其他盈利模式来赚钱，把咖啡店看成投资、路演、交流的场所，靠后续参与项目投资来获利，而不是靠咖啡店的经营获利。

总体来说，构建好的商业模式就是要找到缓解资源能力约束、降低成本、增加收益、减少风险的方法。例如，把一部分成本转移给其他人承担，最好是成本由别人来出，他们还不和你分享收益。

 拓展思考

1. 你认为咖啡店开在什么地方既有稳定的客源，成本又不会太高？

2. 近年来，长租公寓经营者纷纷陷入财务危机，有的企业甚至在上市后出现了资金链断裂。长租公寓应该由谁来经营，怎么经营呢？

重构风险：不买画的艺术品投资基金

艺术品投资一直是个难题。常规模式是金融机构发行艺术品投资基金份额，投资者参与艺术品拍卖并等待时机增值卖出，而这也让投资者面临不小的风险：购买的著名艺术家或新生代艺术家的作品，未来能否增值，何时增值，增值多少，这些都存在很大的不确

定性。

如何降低不确定风险呢？下面来看一个案例。

商业模式案例

某投资人设计了一个模式，他根据以往数十年在全球著名拍卖行拍卖价格超过一定金额的作品的作者来自哪些国家的数据，选择了 10 个国家，又在每个国家选择了排在前 100 名的新生代画家。他还设立了一个艺术品投资基金，但这个基金不是用来买画的。他每年会从每位入选的画家那里选择一幅画作，他的基金用于为所选的这些新生代画家的作品进行营销运作，以抬高他们的身价。

若干年后，如果某幅作品拍卖获利，入选的画家都可获得收益，被出售画作的作者还可获得一份奖金（二次分配）；他的基金则靠作品增值的分成获利。

显然，这个模式通过大量购买潜在优秀画家的作品来分散风险，并解决常规拍卖模式下作品增值不确定的问题，再加上画家之间相互搭便车，画家与投资基金相互搭便车，画家和基金各自进行宣传，共同促进相互增值，最终实现获利。

另类融资：碧桂园开办的中学

我们来看看碧桂园早期如何解决融资难的问题。

商业模式案例

碧桂园创始人杨国强，一开始只是一个建筑商，后来他获得了 1800 亩地，事业迈上了新台阶。1993 年，因国家政策调整，房地产行业的资金被抽贷，杨国强当时没有足够的资金来开发地块，也没有条件去贷款，怎么办呢？

杨国强就与策划人王志纲合作，想出一个变通的办法：他们从开发的地块中拿出一部分土地开办了北京景山学校广东分校——广东碧桂园中学，高薪聘请从名校退休的中学校长和教学水平高的中学教师，并招收了 2000 名学生，每人收费 36 万元，承诺在学生毕业后返还学费。这就是碧桂园借力办学资源的融资模式，如图 1-3 所示。

图 1-3 碧桂园借力办学资源的融资模式

通过这种方式，杨国强筹集了数亿元资金，解决了资金短缺的问题。

上述例子都是关于如何解决商业交易中的问题尤其是难题，从而高效做成生意。解决这些问题的方法，就是商业模式。解决商业问题就像解一道道数学题，要在已知、约束条件下求解。解答普通题目看不出答题者的实力差别，而一遇到难题就分出高下，高手能给出最优解。

古语有云，鱼和熊掌不可兼得。然而，好的商业模式或者商业模式设计高手，则能够通过巧妙设计利益相关者的交易结构，解决看似矛盾的问题，做到鱼和熊掌兼得，让每个交易主体都乐于贡献自己的资源能力，并从中获得更大的收益。

我们常说一个人做生意厉害，一方面是指他善于洞察商机，更重要的是指他擅长设计商业模式，解决做生意过程中遇到的问题，赚到了钱。以下商业成功的内在基础都是商业模式的转变。

亏→盈：把面临巨大亏损的生意做成盈利生意（比如 1984 年洛杉矶奥运会）。

小→大：把做不大的企业做成大企业（比如麦当劳的特许加盟模式）。

慢→快：把发展慢的企业做成发展快的企业（比如可口可乐授权装瓶）。

低→高：把利润率低的企业做成投资价值高的企业（比如小米）。

重→轻：把重资产企业做成轻资产企业（比如喜来登酒店）。

轻→超轻：把轻资产企业做成超轻资产企业（比如优步、爱彼迎的共享模式）。

整合资源：喜欢创办企业的兰格教授

关于知识该不该分三六九等，我认为薛兆丰和汪丁丁两位教授的说法都不太准确。知识应该是分等级的，否则，为什么著名科学家创造的知识（比如发明的公式）可以流芳千古，造福人类，被写入教科书，获得诺贝尔奖，而有很多人创造的知识却获不了诺贝尔奖？

"一流知识"都是免费的吗？"一流知识"赚不了大钱吗？

首先，什么是"一流知识"？似乎没有定义。即使是顶级期刊公开发表的论文，也未必是"一流知识"。"一流知识"大致可以分为"一流的发现知识"和"一流的发明知识"。

"一流的发现知识"通常通过论文公之于众，可以免费阅读。而"一流的发明知识"大多会申请专利，并不是免费的。不过，"一流的发现知识"是可以转化为"一流的发明知识"的。如果商业模式设计得当，一流知识发现者和发明者都可以从中获利，这并不少见。

商业模式案例

　　罗伯特·兰格，麻省理工学院教授，43岁就集齐美国三院（美国国家科学院、美国国家工程院、美国国家医学院）院士头衔，拥有1400多项专利，发表了1500多篇论文，论文总引用次数超过19万；得了220个大奖，包括美国国家科学奖章和美国国家技术与创新奖章，为全球两奖兼得的四人之一。

科研界长期认为，科学研究必须远离产业界以保证自身"纯洁"。但兰格认为，科学家只写论文不能产生想带来的影响，需要关注商业，以便将实验室的发现转化为产品，满足人们的需求。

因此，兰格在坚持科技前沿研究的同时，还积极与投资人、学生等合作创业。他创建了一个具备裂变和孵化器作用的"兰格实验室"，研究涉及材料学、医学、生物学等多个学科，团队成员有化学家、分子生物学家、临床医生、机械和电气工程师、兽医、物理学家、药剂师等。

兰格的理念是："我们必须将项目推进到一个相对成熟的阶段，产生一篇或若干篇高质量的论文。我们有概念验证的实验数据，然后去申请一个专利。这样通常会产生一个公司，从而让技术有了具体应用的商业机会。"

自 1987 年创立第一家公司以来，兰格与投资人维持着密切联系，并建立极其高效的合作模式，可谓"一篇科研进展文章就预示着一个新公司的诞生"。由他发起或者他与学生共同创办的生物技术公司及医疗器械公司已有 40 多家，其中多家公司在纳斯达克上市或被大企业收购。因此，兰格被外界评为"最会赚钱的科学家"。

显然，兰格通过顶层设计，创建了多学科研发人员、风险投资家等相结合的研发及成果转化的商业模式。

商业模式案例

约翰·罗杰斯，美国国家科学院、美国国家工程院、美国国家医学院、美国艺术与科学学院四院院士，柔性电子领域的先驱人物。他在柔性电子领域做出诸多开创性贡献，其微流体光纤（2004年）、可拉伸硅（2006年）、生物可降解电子器件（2010年）、转换效率破纪录的太阳能电池（2012年）先后被《麻省理工科技评论》评选为年度"十大突破性技术"。

他每年发表约60篇高水平的学术论文，合计已发表400余篇论文。同时，他还将50多项科研成果转化为产品，新创多家成功企业，造就了一个从基础理论与原型器件到成果产业化的科技神话。

约翰·罗杰斯扮演着双重角色：一个是研究新想法、发表学术成果的学术课题组负责人，从事类似于培养下一代科研工作者的工作；另一个是把科研成果转化为产品的组织者。他深知技术的产业化需要不同的人才、组织方式和资金来源，于是并不是亲自操盘，而是把科研中出现的令业界感兴趣的技术成果，通过成立公司、聘请专业工程师和独立运营团体以及吸纳商业资本来完成转化工作。他会与公司领导层保持沟通，与工程师每月讨论一次相关问题，并不会每天都参与其中。此外，他也会直接与大公司合作，把大公司对产品的新想法通过实验室技术来实现。

我们再来看一位中国教授的例子。

2021年，四川大学华西医院的麻醉医生刘进教授，把他在麻醉新药研发成果转化中的个人所得1亿元捐给华西医院，创造了医生个人捐赠的记录。

刘进教授能赚到这么多钱，源于他创建了"企业出资、共同研发与合作开发"的麻醉新药研发及转化模式，而不只是完成实验室研发工作和专利申请，然后在技术市场上交易专利获利。在刘进教授的模式中，由企业提供资金，刘进团队承担实验室研发和 1～3 期临床实验等工作，包括提供获得美国 FDA 等多个国际机构认可的国家新药安全性评价服务，然后按照企业营业收入或净利润提成，"一流知识"的价值得以实现。

实际上，还有不少一流金融学家通过创办投资公司，使其理论和实证研究成果得以转化获利。他们研以立说，研以致用，最终研以致富。

即使在人文学科，"一流知识"也可以获利。

2020 年 10 月 12 日下午，瑞典皇家科学院把 2020 年诺贝尔经济学奖授予美国斯坦福大学的经济学家保罗·米尔格罗姆和罗伯特·威尔逊，因为他们改进了拍卖理论并发明了新的拍卖方式。他们的研究可以为难以用传统方式出售的商品和服务（比如无线电频谱、捕鱼配额、机场降落位、碳排放额度等）设计新的拍卖机制，增加资源收益，实现稀缺资源的最优配置。

这两位教授的理论成果是公开发表并可以免费获取的，但他们也为政府和公司提供咨询服务，从自己发明的新拍卖机制中获得不菲的报酬。其中，米尔格罗姆教授创办过好几家公司，比如 2007 年成立的拍卖设计公司 Auctionomics（拍卖经济学），它的目标是提供软件和服务，为复杂的商业拍卖和交易创造有效市场。

可见，"一流知识"的变现模式是可以被设计出来的，它可以让"一流知识"的创造者获得高收益。

我们也看到很多有发明专利的人生活比较清贫。例如，天才发明家尼古拉·特斯拉一度连房租都付不起。有些"一流知识"的创造者，比如提出五力分析模型的波特、创建平衡计分卡的卡普兰，虽然他们没有直接从"一流知识"中获得收益，但他们在通过创造

"一流知识"奠定了学术权威地位的同时，也通过其他途径和模式变现。比如，担任公司董事、顾问获得报酬，参加演讲活动获取高额的出场费等。

现在社会上推崇王阳明的"知行合一"，但真正能做到的人并不多。因为"行"需要完成更多活动，需要配置更多资源能力，而这需要能力、时间和精力的支持。

我们更应该倡导"知行合作"或者"知＋半行"，与能够完成另外"半行"的人或机构合作，即设计一个商业模式，发挥知、行双方的资源能力优势，分工协作，提高资源能力配置成效，共同创造价值、分享价值。

随着互联网的发展，信息的连接面、传播面显著扩大，长尾效应显著，知识付费越来越盛行，好的知识可以快速、低成本、低收费触达更多用户。不管是几流知识，只要受众足够多，传播者就能从中获得厚利。

 拓展思考

巴菲特是非常成功的投资家，多年在美国富豪榜排名第二、第三。巴菲特有自己的一套投资哲学和投资方法。例如，他要求企业具有消费垄断性和定价权。他不会做超出自己认知能力的投资，因为他认为那样的投资具有高风险。因此，他主要投资比较成熟的企业（相当于中年阶段的企业），基本上没有参与著名科技公司及新经济企业上市前后的投资，比如微软、IBM、亚马逊、谷歌、Facebook 等。这些公司创始人的身价都陆续超过了巴菲特。

巴菲特的投资模式是否可以改进呢？

升级服务：税务老师的财富进阶之路

商学院的教师在研究和讲授如何赚钱的学问，那么自己如何赚大钱呢？假如你是一名教学水平比较高的商学院教师，专业知识丰富，很受学生欢迎，该如何进行知识变现呢？

商学院教师进行知识变现的常规模式是增加授课频次，授课对象包括自己所在商学院的学生、其他商学院的学生、培训机构学员甚至企业高管。但这种模式耗时费力，教师需要辛苦奔波。是否有更轻松的赚钱模式呢？这需要在经营活动的选择、交易主体的选择、交易方式和盈利模式方面进行优化。

模式一：像薛兆丰教授那样，到知识付费平台授课。

当然，这需要教师花时间打磨课程，但只需讲一次就行了，不用重复讲，反而节省了时间。网上授课的收费虽然很低，但互联网平台的受众面更广，收入反而高于传统的授课模式。

模式二：增加交易内容，丰富收益来源。

除了给学生授课赚课酬外，教师还可以有选择地给学员所在企业提供咨询服务，进行二次交易，获得咨询收入。咨询收入可以按企业业绩增加量或成本节约效果分成。

教师还可以参股预期可以上市的企业，或者作为天使投资人进行投资；也可以与管理咨询公司及 VC、PE 机构合作，为它们提供指导以获得佣金，再择机参股拟上市公司。

商业模式案例

一名讲税务的老师在一所普通大专任教，但他好钻研，把税务问题研究得很透彻，并且实操能力很强，很受学生欢迎。于是，他创建了适合自身的商业模式，把知识转化为财富。

他最开始是在本校教书，不断钻研专业知识，提升自己解决问题的能力。后来很多国内知名商学院、培训机构找他讲课，他就获得额外的课时费收入。

他讲课的案例都是关于如何通过优化交易结构，立竿见影地帮企业合法节税，非常受企业高管欢迎。因此，有很多企业家找他做税务咨询、当顾问。他积累的案例越来越多，讲课效果就越来越好。他做咨询时采用分成模式收费，比如做一个方案帮助企业省了多少钱，就按实际效果分成。

在做咨询的过程中，他发现某家公司成长空间很大、投资价值很高，就会参与投资，与之进行股权交易，等公司上市后再变现。

他的商业模式如图1-4所示。

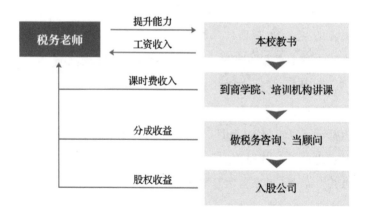

图1-4 税务老师的商业模式

这位税务老师在国内知名大学商学院讲课时，这些商学院已经给他筛选出比较优质的企业高管资源，可以无成本获客；随后，他给学员所在企业提供咨询服务；最后，如果发现优质客户企业，他就把咨询费折算成股份，或者追加投资参股。他这样不断升级交易方式，因此获得更高的收益。

这说明商学院教师想获得高收益，关键不在于是否在知名大学任教，也不必计较学校是否给高薪；关键在于教师能否把专业问题研究透彻，是否有能给学员创造价值、排忧解难的产品。只要教师逐渐升级自己的交易方式，财富自然就会增加。

模式三：择优交易主体。

商业模式案例

手艺人如何轻松赚大钱？手艺人不缺顾客，缺的是高付费顾客。

例如，一个高水平的手艺人有祖传绝招，可以只服务 5 位身价上亿的顾客，只要每位顾客每年出 200 万元，他一年就能获得 1000 万元的收入。

好产品、好手艺卖不出好价钱，很可能是因为选错了交易主体。因为相同的产品和手艺在不同人眼里价值是不一样的，其付费意愿和支付能力就存在高低之分。所以，要找到自己的产品和手艺对谁最有价值，也就是找到最佳交易主体。

拓展思考

请思考你的交易主体、交易方式和盈利模式是否还有优化的空间。你能不能用更少的精力获得更高的收益呢？

收入分成：破解"教会徒弟，饿死师傅"的难题

俗话说："教会徒弟，饿死师傅。"为此，很多师傅会留一手，导致很多手艺的传承一代不如一代。

从商业模式的角度来看，这是师徒之间的交易方式出了问题。好的师徒交易方式带来的结果应该是教会了徒弟，师傅更轻松了，也更富裕了。

如何做到呢？

一种方法是师傅把聪明伶俐、好学上进的徒弟招为女婿。不过，女婿最多只能招几个，其他徒弟怎么办？

还有一种办法是约定徒弟出师后若干年赚的钱，要拿出一部分回报师傅，或者师傅可以参股徒弟的生意。

商业模式案例

有一个手艺人，他精心栽培的第一代徒弟大多出走，甚至与他反目。而另一个手艺人也收了不少徒弟，但大多没有离开他。

第一个手艺人后来调整了商业模式，也开始赋能徒弟。在每年元旦召开年会时，他每次开场必说的一句话是："列位，有没有要单干的？如果有，提出来，我会尽全力帮你，给你开店，帮你起灶，帮你招兵买马，帮你宣传。欢迎徒弟们单干！"

他还改变了与徒弟外出赚钱的分成比例：他分2成，徒弟分8成。这些年，他的事业发展得很不错，作品经常出现

在电视节目和艺术评比中，享有很高的声誉。

现实中还有一种情况是：学生存在贫富差距，如果穷学生和富学生来拜师学艺，有潜质的穷学生交不起学费，怎么办？如果要求穷学生和富学生一样一次性付清学费，那么穷学生可能会丧失拜师学艺的机会，师傅也可能因此少了一位高徒。如果他们善用商业模式思维，可以产生很多解决方案。比如，师傅可以和穷学生约定，穷学生先拜师学艺，待学成出师后，将其收入按一定比例给师傅提成，相当于补交学费。又如，穷学生可以向富学生借学费，并签订还款协议。

资源互补：上市公司老总的天使投资

商业模式案例

某上市科技公司创始人拥有科研成果商业化、企业化经营的经验和方法论。当地政府通过政策优惠，吸引了不少海归科技人员来产业园创业。但这些人对当地政策、产品商业化、企业经营缺乏了解，当地政府就制订了一个帮扶计划，由当地优秀企业家与海归科技创业者结对子，当地优秀企业家定期去创业型企业当顾问，给他们提建议，为他们排忧解难。

这位上市科技公司创始人在帮扶过程中发现一些创业型企业很有成长潜力，就制订了一个投资计划：每年拿出 400 万元给不超过 4 家企业进行天使投资或 A 轮投资。结果，他在这些企业上市或者被并购中获得了不菲的收益。

显然，这位企业家在利用自身资源能力帮扶海归科技创业型企业。帮扶过程相当于尽职调查，这让他对这些企业的情况了解得很细致，有利于发现值得投资的企业，进而构建了股权投资交易模式。因此，他能在经营自己的企业之余，通过帮扶其他企业进而找到好的投资机会，一举两得。

很多企业退休高管有很强的经营管理能力和资本运作能力，且商业资源非常丰富。如何构建退休后的商业模式，最大化地发挥他们的优势，对社会、企业以及他们自己都有益。

例如，京东方前董事长曾帮助公司提高了在全球的地位。退休后，他发挥自己的经营能力和资源优势，组建创新科技投资基金管理公司，投资显示屏技术、物联网技术领域相关科技公司。该公司由国家开发银行、地方政府出资占股 55%，他自己及管理团队占股 45%。

在美国，一些企业高管或技术专家把自己创办的公司或发明专利出售后，会获得一大笔资金。但他们没有就此打住，而是利用自己的产品开发能力和企业经营能力，以及市场资源等方面的资源能力，参与培育创业型企业，甚至担任这些企业的董事长。例如，他们每 3 年参与培育一家企业，形成与年轻创业者的代际交易，发挥彼此的资源能力优势；在企业上市或者出售后，他们会获得应有的收益。

业务拓展：把律师费变为投资

律师及律师事务所的收入通常来源于诉讼费，收入来源相对单一。通常是按律师的服务成本来收费，而不是按效果收费。比如，涉及房地产、股权、知识产权等领域的案子，胜诉后会有可观的经济赔偿，而律师没有参与这笔赔偿的分配。

如何优化律师或律师事务所的盈利模式？

假设律师对案件进行初步研究后，发现胜诉的可能性非常大，但原告没有钱打官司，律师或律师事务所就可以为其垫付律师费，或者把律师费转变为投资，约定胜诉后分成。

此外，律师或律师事务所还可以成立诉讼投资基金，参与该基金的管理，这样就可以垫付更多诉讼费，获得更多胜诉赔偿分成。

商业模式案例

2013 年，美国西弗吉尼亚大学的研究人员发现德国大众汽车在尾气排放测试中作弊的证据。2015 年 9 月，该丑闻爆发，大众股价在几天内暴跌近 40%。当时，拥有约 1900 亿美元资产的美国加利福尼亚州州立教师退休基金持有约 33 万股的大众汽车股份，市值缩水约 2250 万美元。

加利福尼亚州州立教师退休基金的律师施瓦茨在集体诉讼方面经验丰富，就向客户推荐了诉讼融资公司 Bentham IMF 的欧洲公司（总部位于伦敦）负责其诉讼事宜，使其避免在可能失败的索赔中承担巨额诉讼费用，维护了约 86 万名加利福尼亚州在职和退休教师的养老金价值。

该股东索赔案由美国专注于商业诉讼的大型律师事务所 Quinn Emanuel 办理，当时它正在召集原告股东加入此案。Bentham IMF 的欧洲公司提出，它将承担对大众汽车诉讼的所有费用，原告可以将后期胜诉回款的一部分作为对它的回报。如果德国管辖法院确认大众汽车的股东在投资时被误导，原告将收到部分损失赔偿。

加利福尼亚州州立教师退休基金作为主要原告签署了起

诉状。后来，有80多名大众汽车股东（其中大多数是机构投资者）加入了原告阵营。针对如此多的起诉者，大众汽车预留了约180亿欧元的丑闻败诉成本。

Bentham IMF 的欧洲公司向诉讼中所代表的所有原告提供同样的资助条款：其风险提成比例为18%～24%，具体取决于原告持股的规模。如果原告败诉，Bentham IMF 的欧洲公司将花费几百万欧元去支付德国律师的费用；如果原告胜诉，就可以获得约20亿欧元的投资损失补偿，而 Bentham IMF 的欧洲公司则可以获得约4亿欧元的回报。

路径规划：人生也需要商业模式

很多学生毕业前找工作时会纠结：是选大公司还是小公司？是选收入高的还是发展前景好的？其实，最需要考虑的是，这家公司能不能让你快速积累有价值的资源能力，能不能让你快速提升个人能力，能不能在你人生的下一个阶段发挥更大的价值。

如果你读的是 MBA，入学前就在大公司积累了一定资源能力，那你毕业时可以去有发展前景的中小企业、创业公司，在那里获得股权或期权，以后就有股权变现的机会。

如果你是本科或硕士毕业，没有工作经历，那么可以先去大公司积累资源能力。当然，你也可以去有发展前景的创业公司积累资源能力，在实干中学习。

所以，选工作不能仅仅关注目前的收入水平，而要关注你在这家公司的资源能力积累多不多或者能力提升的速度够不够快，也就是价值如何。请想一想，基于这些资源能力，你能否更好地提升交易的层次或扩大交易的范围，获得更多收益？

拓展思考

现在很多学生想去大公司实习，以提升能力、丰富履历，便于毕业后找到满意的工作。但他们在大公司实习时，往往做的是一些资料收集或初步分析之类的工作，不一定能学到他们期望的真本事。那么，有没有一种更好的方式，可以让他们迅速提升自己的资源能力呢？

在职场上，你需要不断积累资源能力。想增加收入，你需要识别自身资源能力的市场需求和商业价值，对外输出你的资源能力。

商业模式案例

有个小伙子在工作中经常需要做 PPT 给领导汇报工作。通过不断钻研，他做 PPT 的水平越来越高，积累了大量 PPT 模板。他就把自己的 PPT 模板挂到网上，很多人都去下载。于是，他就开始卖 PPT 模板，一年的收入是他工资的 3 倍。

后来，他又开始研发制作 PPT 的教程，卖给那些想学习如何制作 PPT 的职场新人。通过 PPT 教程的销售，他一年的收入达到几百万元。现在他已辞掉工作，成立了工作室，专门承接 PPT 设计业务。

每个企业和个人的成长都是不断积累资源能力的过程，资源能力积累得越多，与别人可交易的东西就越多，获得的收益也就越多。

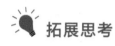 **拓展思考**

1. 你有哪些资源能力可以与别人交易？

2. 很多人兢兢业业工作了很多年，收入却没有明显增加。你认为是什么原因导致的？这种人应该如何改变呢？

第 **2** 章

商业模式思维：
寻找鱼和熊掌兼得的交易结构

商业模式既包含硬件层面的因素，亦存在思维层面的因素。依托构成交易的各个模块，构造破解自身资源能力瓶颈的办法，将利益冲突者变为利益相关者，这是商业模式的核心内涵。让商业模式在思维层面动态化，不停围绕交易各模块持续进化，经过时间的积累，这样就能构建起企业真正的护城河。

定义：理解商业模式的内核

目前，商业模式的定义有数十种。表 2-1 列举了几种比较简洁、传播范围比较广的定义。

表 2-1　商业模式的定义

提出者	商业模式的定义
Linder & Cantrell	组织创造价值的核心逻辑
Gordijn、Akkermans	商业活动参与者之间的价值交换关系
Weill & Vitale	公司客户、同盟者和供应商之间角色和关系的描述，还描述了主要产品流、信息流和资金流以及各类参与者主要的利益
Amit & Zott	企业与其合作伙伴采取的相互依赖的行动以及连接这些行动所构成的机制组成的系统
Applegate	复杂商业的描述，通过商业模式能够研究商业的结构和各结构性元素之间的关系
Petrovic、Kittl & Teksten	商业系统创造价值的逻辑
Hawkins	企业和它在市场中提供的产品和/或服务之间的商务关系，是一种构造各种成本和收入流的方式，基于产生的收入支撑自己，使商业变得可生存
Magretta	从系统角度描述商业各部分如何组合在一起
Rappa	一种商业运作方法。企业借此生存和产生收益，通过明确说明企业在价值链中的位置，阐述企业如何赚钱
周鸿祎	在创造用户价值的过程中用什么方法获得商业价值
周逵	把用户价值转换为企业价值的方式

你认可哪个定义？

上述定义可能都会有人认可，需要一个评价标准。我们认为，评价商业模式的定义是否恰当有 5 个标准。

第一，视角独特性。

为什么需要给"商业模式"下定义？因为针对观察到的商业现象，已有的商科概念没有涵盖到。例如，两家企业的战略定位、经营策略相同，而初始竞争优势资源少、管理看似薄弱的企业，却战胜了优势资源多、管理规范的企业。因此，需要命名和定义一个新的概念来解释这个商业现象，要让它与现有的学科概念区别开来，去刻画现有学科没有涉及和观察到的内容，那是尚未探知的新领域。此外，还需要揭示这个商业现象的内在规律，创建新的理论、分析设计和评估工具，用这个新概念指导商业实践，以提高效率、提升效益和降低风险。

第二，学术抽象性。

要用精练的语言提炼出概念的本质，不能用一大段话来描述。

第三，现实具象性。

能让人们在脑海中感知到商业模式是什么样的，它是可以被观察到和描述出来的。如果一家公司的经营团队成员根据某个商业模式的定义，每个人感知出来的商业模式差异很大，说明该定义缺乏具象性。

第四，活动完整性。

企业经营的目标是盈利，而这需要完成研发、制造、营销、服务、融资等多个经营活动，然后才能创造价值。因此，商业模式的定义应该包含企业涉及的所有经营活动。

第五，适用普遍性。

好的商业模式的定义不能只适合创业型企业、中小微企业或大企业，应该适合所有企业，甚至包括社会组织及个人。

按照上述 5 个标准，绝大多数商业模式的定义都有局限性。例如，"商业系统创造价值的逻辑""把用户价值转换为企业价值的方式""在创造用户价值的过程中用什么方法获得商业价值"等，这些定义符合学术抽象性标准，但缺乏具象性。把商业模式定义为"盈利模式"或者"赚钱的方式"，则非常片面，因为企业还有研发、制造、营销、服务等多个活动。"做生意的方式"这个说法比较符合人们对商业模式的直观感受，但学术抽象性不够。此外，大多数定义最终落脚在方法、方式、逻辑等词语上，而这些词语并非商业术语。

我和魏炜教授从 2005 年开始合作研究商业模式。我们走访调研了大量企业，分析了很多案例。经过反复推敲，给商业模式提炼出了一个定义：**经营活动集合及利益相关者的交易结构**。这个定义包含以下两部分内容。

一是经营活动集合，即从事哪些经营活动。

企业经营需要设置和完成一系列活动，包括业务活动、职能服务活动和管理活动。每类活动可以进一步细分。例如，业务活动包括研发、采购、制造、营销、服务；财务管理活动包括资金筹集与管理；会计活动包括存货盘点、成本核算、制表等；管理活动包括计划、组织、指挥、协调、控制等。企业可以选择从事不同的经营活动，形成不同的经营活动集合。好比太极拳、少林拳、咏春拳等不同的拳法，其动作套路不同，所以武打影视片会聘请武术顾问来设计武打动作。即使同为太极拳，陈氏、杨氏、魏氏、吴氏等门派的动作组合也有所不同。

一家餐饮店因为厨师的厨艺水平高而受到消费者的青睐，门庭若市。其下一步扩张需要增加店面，就会面临厨师不足的问题。要解决这个问题，有两种思路，二者涉及的经营活动有所不同。

思路一：增加厨师供给。这需要增加厨师招聘和管理活动。

思路二：不增加厨师供给，而是增设菜品研发部，把现在的名厨聘为菜品研发部总经理，使厨艺流程及食材配料标准化，通过加工中心或者中央厨房，向门店配送菜品。显然，思路一和思路二涉及的经营活动差异很大，是两种不同的经营活动集合。

二是利益相关者的交易结构，即如何完成经营活动并获利。

这包括具体经营活动的完成方式、完成主体（由谁来完成），如何获利及分配等。

相同的经营活动可以有不同的完成方式。好比书法，书写的动作相同——都包括起笔、运笔、收笔，但笔顺和力度不同，就形成了楷书、篆书、隶书等不同风格的字体。即使同属楷书，由于运笔的差异，也形成了柳体、颜体、赵体、欧体等不同风格。

前面提到的餐饮店店面扩张活动，其完成方式可以通过直营，也可以选择特许加盟。直营就是自己完成店面投资和运营活动；特许加盟则是让合作者完成店面投资和运营活动，还可以把店面投资和运营活动拆开，分别交给不同的合作者来完成。此外，店面扩张活动还会涉及与店长、厨师、服务员、食材供应商、物流配送方等利益相关者的交易。同样是直营或者特许加盟模式，利益相关者的交易结构也有所不同。

经营活动集合及利益相关者的交易结构如图 2-1 所示。

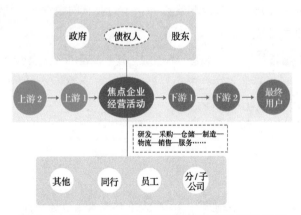

图 2-1　经营活动集合及利益相关者的交易结构

经营活动不管采取哪种完成方式，都要由具体的商业主体来完成，即交易主体，他们也是利益相关者。交易主体可能是企业法人，如经销商、零售商、供应商、投资人等，也可能是自然人，他们贡献资源能力，参与价值创造，分享应有的收益，承担相应的风险。

我们的商业模式定义落脚在交易结构上。这个交易结构是指如何吸引利益相关者提供资源能力，参与完成具体的经营活动。当然，如果交易结构设计不当，利益相关者也会转变为利益冲突者。好的商业模式就是要减少利益冲突者，甚至把利益冲突者转变为利益相关者。

经营活动集合和完成经营活动的利益相关者的交易结构都很具象，可以被观察到和描述清楚，因此，我们的商业模式定义符合视角独特性、学术抽象性、现实具象性、活动完整性和适用普遍性这 5 个标准。

交易结构：从更高的维度寻找破局之道

商业就是交易，商业模式的核心就是交易结构。交易无处不在，商业模式如影随形。交易体现在一个个商业合同之中，商业模式思维就是交易思维！

我们通常认为，风险源于不确定，但不确定不一定会带来风险，还要看是什么样的不确定因素。我们可以通过交易模式的设计，消除某些不确定因素带来的风险。

商业模式案例

某人打了一圈电话，邀请了 20 位友人来自己的郊区小院参加烧烤聚会。如果主人兴致勃勃地准备了 20 人份的食材，但有几个人因临时有事无法赴宴，那么精心准备的美食就会被浪费；也有可能有人通知了其他人，多来了 3 个人，食材就不够用。这就是不确定因素带来的风险，似乎无解。

有什么方法可以避免食材浪费或短缺呢？

可以改变与烧烤聚会参与者的交易模式，主人只准备炉子等基本用具，每个人自带食材。这样，由不确定因素带来的食材浪费或短缺问题就解决了。

不同商业模式的成效有差异，如事倍功半、事半功倍、四两拨千斤，甚至"空手套白狼"（其实不是空手，而是运用商业智慧）。此外，不同商业模式的风险不同。好的商业模式，投入产出效率高且效益好，持续经营风险和财务危机风险小。

企业商业成就的差异，除了资源能力禀赋的差异外，还与其交易思维方式和交易设计能力的差异、执行能力的差异有关。一些企业优势资源很多，却没有去进行有效的交易，因而没有形成有效优势；而一些企业优势资源看似很少，却善于通过交易设计扬长避短，反而后来居上。大家经常说的"赋能"，本质上就是资源能力交易。可以说，经营活动及利益相关者的交易结构设计和达成能力，是企业重要的竞争优势！

回顾第 1 章开头介绍的案例，它们无不体现了商业模式的交易思维和智慧。

薛兆丰教授借助互联网平台，让众多听众低价学习他思考和总结提炼的经济学知识及应用成果，薛教授在传道解惑的同时也赚了钱。

巴菲特通过拍卖方式，出售自己的时间和投资智慧，吸引人们竞价共进午餐，以此来获得捐款。

范蠡找到姜子盾，后者拥有与沿途强盗关系好的资源，能够降低马匹在长途贩运过程中被强盗抢劫的风险。范蠡通过免费送货，利诱姜子盾参与交易，成为利益相关者，消除了马匹长途贩运的风险。

商业模式案例

2008 年，张生看中了北京海淀区某民俗村的一块宅基地，上面有池塘和 5 亩果园。他想租下这块宅基地，修建一座二层院落。可他手头的钱不够，怎么解决资金问题呢？

张生邀请同学、朋友携家人来民俗村参观和体验，大家觉得很好。于是，他提出一个方案：利用这块宅基地修建一个会所，每人出资 5 万元入股，出资人及其家人（也可以邀请朋友）随时可以来会所住宿、钓鱼和采摘果园的樱桃、杏，张生则常住会所，负责日常维护。

大家觉得这个方案不错，出资 5 万元就相当于拥有民俗村会所的权益，还有人看管，于是有 20 多个人认购。张生通过这个方法筹集了 100 多万元，完成了会所的建造。

这实际上就是后来的众筹模式。

众筹模式是一种非常有前景的商业模式。

如果你用聪明才智研发出一款新产品，需要进行模具制作、产品生产、寻找销售渠道、物流配送、投放广告等活动，而这些活动都需要花钱，你想贷款却没有抵押物，产品销售量和成长空间也不确定，很难引起风险投资者的青睐。这就是典型的创业型企业融资难问题。

如果采用众筹模式就不一样了。你可以通过众筹平台招募到第一批购买者。这些人扮演着多重角色：既是产品使用者，又是产品测试者，还可能是口碑营销者。因此，你除了卖给他们产品外，还可以让他们分享一定比例的收益，但不是让他们成为股东。

这属于创意预售，与团购不一样。团购是聚合比较大的购买量，实现以更低的折扣购买现成的产品，购买者并不参与产品生产过程的投资。

众筹是一种通过让客户参与投资，解决一部分创业型企业融资问题的有效方法。

此外，众筹还可以解决个人投资规模不经济的问题。例如，个人投资有机农产品基地时，如果规模大，则产量高，但自己消化不了，会造成浪费；如果规模小，则会因为固定成本高，仍然不经济。

商业模式案例

　　成都有个地方叫三圣花乡，号称"中国花木之乡"，也是农家乐之乡。其中，有个景点叫荷塘月色，有大片生态荷塘，景色很美。当地政府希望有人来投资升级农家乐的档次。

这看起来是一个很不错的项目，那要如何投资才能获得更高的收益呢？

1.0 版本：自己投资经营。

有个投资人在某片荷塘景区的中心位置拿下一块非常好的地，打造了一个高档的农家乐，但后来陷入经营困境。

他是怎么干的呢？

他自己投资了 400 多万元，高薪聘请大厨，菜品很不错，餐厅布局和设计也比周边的农家乐精致。然而，由于他家菜品价格比别人高，来的食客比较少，再加上固定成本高，很快就陷入亏损的境地。

他尝试了很多营销手段，比如找媒体朋友写软文广告，找旅行社朋友代销会员卡，但经营没有起色，仍然亏损。

自己投资经营，靠农家乐餐饮业务本身获利，这种模式比较常见。

2.0 版本：众筹投资（投资成本＋运营成本）、自己经营。

有投资人认为，既然独资经营的压力和风险大，那就找若干有客户资源的人合资。比如，找有媒体、广告背景的人，有商会背景的人，有旅行社背景的人来合伙投资。通过合伙人的人际资源引流，增加农家乐的顾客数量，从而增加收益。

合伙人每年过来消费可以享受一定优惠；此外，通过广告和会员卡销售带来新的客源，还可以获得收益。

这个模式还是靠农家乐餐饮业务本身来赚钱，并没有降低经营成本、房租成本，只是投资人分担了成本，引来了顾客。由于菜品价格比较高，收益还是不太好。

这种众筹投资、自己经营的模式也比较常见，仍然是靠农家乐餐饮业务本身获利。

3.0 版本：增加交易主体和业务，从而增加收益来源。

这家农家乐位于著名的农家乐旅游区。该旅游区的农家乐很多，都是采用老式油烟机，尽管按消防规定要定期清洗，但烟道多年积油很难被清洗干净，火灾隐患大，而且油烟排放到室外会污染环境。由于环保标准提高，当地政府希望给农家乐提供补贴，加快油烟排放整治。

有投资人发现一款新型油烟机，采用的是龙卷风原理，油烟净化效果好，烟道不会积油，可以消除火灾隐患，而且排出去的是水蒸气，不会污染环境。

这个投资人说服新型油烟机厂家给他的农家乐免费装了一台油烟机。因为新型油烟机的油烟净化效果好，政府环保部门、消防部门都很感兴趣，可能会积极推广。如此一来，周边其他农家乐也愿意购买这款油烟机，他就可以成为新型油烟机厂家的销售代理商，获得代理差价收益。

这种模式拓宽了收益来源，不只靠农家乐餐饮业务赚钱，还可以通过代理新型油烟机获得收益。

4.0 版本：重新定义农家乐的功能，将其变成众筹共享会所。

我们来分析这家农家乐的外部资源和价值，为其寻找最佳交易主体。

这家农家乐的位置和环境非常好，很多企业都想在此设立会所，作为接待客户和朋友的据点。但很多企业不知道也拿不到这个资源，而且单个企业使用的话，会所利用率通常会比较低。所以，除了一些大企业外，中小企业独自投资和运营会所并不划算。

这时可以重新定义农家乐的功能，将其变成众筹共享会所。农家乐的经营者可以找一些中等规模的企业和有消费能力的个人作为会员。允许他们参与农家乐的投资。这些企业投资的目的不是赚钱，而是提升企业的形象。

会员可以分不同等级。除了参与农家乐设施的众筹投资外，不同级别的会员每年再交一定管理费，就可以享受相应级别的服务待遇，比如免费食宿、免费接送，房间里还可以摆上自己企业的介绍牌、产品等。他们平时可能不会经常过来，一旦需要宴请客户、朋友的时候，就可以以主人的身份来免费消费，共享这一大片荷塘景观。

这时农家乐经营者的盈利模式不再靠餐饮业务获利，而是把不赚钱的餐饮业务转变为会员服务业务，靠收取管理费、会员费赚钱。

这家农家乐通过不断迭代商业模式，变成了众筹共享会所。这个项目的商业模式升级如图2-2所示。

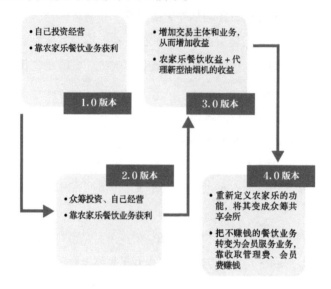

图2-2　农家乐项目的商业模式升级

众筹模式的核心是，通过利益分享机制，把原来只是产品购买者和使用者的客户发展成投资人，从而帮助创业型企业降低融资门槛，解决融资难的问题。

总体来说，众筹模式是一种非常有前景的商业模式，不仅可以帮企业验证创意、产品，解决创业型企业及小企业融资难的问题，还可以解决少数人投资规模不经济的问题。

但是，不要把众筹模式简单地看成一种降低融资门槛的方式。众筹参与者实际上可以有多重角色和多种功能，应该深刻洞察他们的资源能力和需求，想办法撬动他们的资源能力，实现资源利用效率和价值最大化。

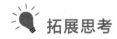 拓展思考

很多人采用众筹模式开咖啡店，找了很多朋友来投资经营，但往往开了一年半载就开不下去了。你认为是什么原因造成的？

构成模块：优化交易的六大抓手

表 2-2 总结了几种常见的商业模式构成模块。在中国比较流行的是 Osterwalder 于 2004 年提出的"画布九模块"。

表 2-2　常见的商业模式构成模块

提出者	构成模块
Hamel	核心战略、战略资源、价值网络、客户界面
Afuah & Tucci	客户价值、范围、定价、收入来源、关联活动、实现能力、持久性
Osterwalder	客户价值主张、目标客户、客户关系、渠道、关键资源能力、合作伙伴、关键业务、成本结构、收入模式
Christensen	客户价值主张、盈利模式、关键流程、关键资源
周鸿祎	产品模式、用户模式、推广模式、收入模式

上述商业模式的构成模块能否清晰描述出商业模式？大家可以自己去尝试进行描述。

"客户价值主张"常常被视为商业模式的内容。我们认为，客户价值主张在战略、营销领域都有涉及，并非商业模式的内容。"关键资源"或者"关键资源能力"也不是商业模式的内容，因为普通资源能力甚至闲置资源能力也可以交易。"成本结构"是商业模式的结果，不是商业模式本身的内容。

根据我们对商业模式的定义，描述商业模式就是描述经营活动和完成经营活动需要构建的利益相关者交易结构。优化、升级甚至重构商业模式，就是优化经营活动及完成经营活动的利益相关者交易结构。

经营活动集合，指企业从事了哪些经营活动，这很容易描述。完成经营活动利益相关者的交易结构如何描述？我们提炼为5个模块：交易要素、交易主体、交易方式、交易收支和交易风险管理，如图2-3所示。

图2-3　利益相关者交易结构的5个模块

在我们的商业模式构成框架里，商业模式由6个模块构成：（1）经营活动集合；（2）交易要素；（3）交易主体；（4）交易方式；（5）交易收支；（6）交易责权设置及交易风险管理。下面分别对其进行介绍。

经营活动集合模块：通过细分发现自身优势

每个行业都有基本的经营活动集合。例如，房地产行业通常涉及拿地、拆迁、规划设计、施工、销售、服务等经营活动；制造业企业的基本经营活动包括研发、采购、建厂、制造、销售、服务、后制造；VC（venture capital，风险投资）、PE（private equity，私募股权投资）的基本经营活动包括募资、投资、管理和退出。这些经营活动可以进一步细分为颗粒度更小的具体活动内容。

例如，房地产开发和服务的经营活动集合可以粗分为以下 6 个活动模块，每个活动模块又可以细分为多个活动，如图 2-4 所示。

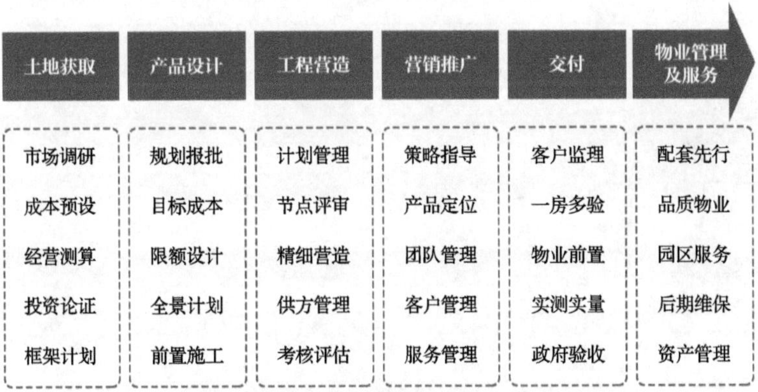

土地获取	产品设计	工程营造	营销推广	交付	物业管理及服务
市场调研	规划报批	计划管理	策略指导	客户监理	配套先行
成本预设	目标成本	节点评审	产品定位	一房多验	品质物业
经营测算	限额设计	精细营造	团队管理	物业前置	园区服务
投资论证	全景计划	供方管理	客户管理	实测实量	后期维保
框架计划	前置施工	考核评估	服务管理	政府验收	资产管理

图 2-4　房地产开发和服务的经营活动集合

图 2-5 和图 2-6 分别展示了企业并购活动细分和众筹涉及的活动集合，对经营活动的细分分析有助于企业发现自己在具体经营活动上的资源能力的优劣势，进而确定如何完成具体的经营活动和优化设计完成经营活动的利益相关者交易结构。

图 2-5　企业并购活动细分

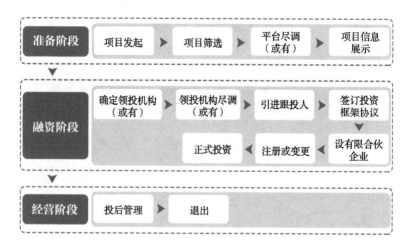

图 2-6　众筹涉及的活动

福耀玻璃早期进入美国市场，一开始采取批发分销模式，涉及的经营活动包括：国内装船→海运到美国港口→卸货→运输→入库→分装→汽车运输→零售店。由于活动（环节）多，人工成本非常高，福耀玻璃亏损了 1000 多万美元。

后来福耀玻璃改为直销模式，涉及的经营活动集合包括：国内按美国客户的需求装箱→合并装入集装箱货柜→海运到美国港口卸货→

直接发运给客户。直销模式相较于批发分销模式，经营活动环节减少了，相应的人工成本也会减少。运用直销模式，福耀玻璃赚回了1000多万美元。

商业模式案例

中国香港利丰集团（以下简称利丰）从事服装、化妆品、儿童玩具3大类产品的贸易出口，早期定位为贸易中介，客户都是欧美的大型零售商。欧美零售商为了降低成本，决定采取去中介的策略，准备直接向工厂采购。利丰面临重大威胁：如果保持贸易中介的角色定位，将会造成欧美大客户流失。

利丰如果自建或者收购供应商的工厂，将从贸易中介的轻资产模式转变为制造业重资产模式。利丰希望保持轻资产运营模式，但这又会让自身面临失去欧美大客户的风险。

利丰面临两难抉择。

怎么办？是否有两全其美的解决方案？

利丰的解决方案是，把供应商的工厂的经营活动分解为工厂资产、生产制造和经营管理。利丰收购工厂的经营管理部门，工厂的制造资产及制造活动仍然由原工厂主拥有和负责，工厂冠名"利丰"。这样，利丰在欧美大客户面前是工厂产品的直供者，但其实它并没有真正拥有工厂的制造资产，仍保持着轻资产运营模式。

交易要素模块：缺什么，就交易什么

交易要素，即交易什么资源能力，法律上称为交易标的。交易的微观基础是资源能力，每个人、每家企业的资源能力是有限的，各有优劣势和缺口。企业要想弥补自身资源能力的不足，可以自己培育，也可以收购，或者与资源能力掌控者交易。自己培育需要投入时间、精力和资金，获利比较慢；收购需要花不少钱，而且面临整合难的问题；商业模式思维强调用交易的方式去交换所需的资源能力。

交易要素可以分为 4 种类型：产品、实物资产、经营资源和经营能力，如图 2-7 所示。

图 2-7　交易要素的 4 种类型

第一类：产品。

每家企业都有自己的产品，在产品被生产出来后卖给个人、企业或政府部门，这就是交易产品。创业型企业最重要的资源能力就是产品，所以要在产品上多花工夫。

好产品本身就是最好的营销员。尤其在移动互联网时代，信息透明度高，好产品的口碑传播更快。如果产品乏善可陈，不可能依靠市场营销和公关营造的品牌力量反转。

亚马逊创始人贝佐斯说，以前人们花 30% 的时间打造产品，花

70% 的时间大张旗鼓地宣传，现在情况正好相反。

现在，创业型企业要花 70% 的时间打造产品，花 5% 的时间设计商业模式，花 20% 的时间优化运营，花 5% 的时间营销。产品好，用户体验好，就可以迅速获得用户的喜爱，企业自然成长得快。

如果产品好，又有好的商业模式，则相得益彰。打个比方，好产品相当于好米，好的商业模式相当于巧妇。最好的情形是"好米＋巧妇"；比较吃亏的是米不错，可惜做饭的人手艺差；比较占便宜的是米一般，但做饭的人手艺好；最糟糕的是米很差，做饭的人手艺也很差。巧妇难为无米之炊，而好米若无巧妇的手艺，也不容易变成香喷喷的米饭。

品牌是什么？是人们对产品给客户提供的高性价比的信任。产品力就是企业最大的品牌。产品好，即使营销的成本一开始比较高，只要客户愿意复购和口碑传播，就可以摊销成本；如果产品不好，客户用一次就没有后续了。

第二类：实物资产。

实物资产包括土地、厂房、设备等。

商业模式案例

一家制造业企业需要供应商到它的工业园区建厂，以实现就近供应。但供应商担心：建厂后，如果这家制造业企业不再购买自己的产品，那么投资就打水漂了。得知供应商的顾虑后，制造企业就告诉供应商："你不用建厂房，我提供给你。"

在这个案例中，制造业企业提供给供应商的厂房就是实物资产。

第三类：经营资源。

经营资源很丰富，包括客户需求量、流量、数据、品牌、渠道、信用等级、特许权、专利、资金、资本市场通道等。经营资源就像未知的化学元素，需要企业不断去发现。

商业模式案例

美国一家公司的业务主要是收取专利许可费，仅成立一年就成功上市了。

很多科技巨头都是它的会员，如 IBM、惠普、亚马逊、英特尔等。

它是怎么做的呢？

简单来说，它就是不断购买专利，专供会员公司使用，然后收取一定的会费。根据服务内容，会费从几万美元到几百万美元不等。它每年再从会费拿出 1 亿美元去购买新专利。

有些专利现在用不上，将来有可能用得上。由这家公司统一购买专利后，会员公司就不用再花钱买一大堆自己暂时用不上的专利了。

你可能会问，这家公司仅靠提供专利服务就能吸引这么多家大公司付费吗？

事实上，它的专利服务有一项独特的价值，就是避免这些公司遭遇专利诉讼的风险。在专利市场上，有这样一类狠角色——专利投机人。如果哪家公司没有购买某项专利就使用了该专利技术，专利投机人就会联合专利的发明者，向这些侵权公司提起诉讼，从而获得侵权赔偿。我们有时会看到企业之间频繁出现专利官司，特别是一些知名大公司，而专利官司往往旷日持久，对公司消耗巨大。不仅如此，如果公司败诉，不但要面临巨额赔偿，还要面临品牌声誉受损的风险。所以，越是品牌知名度高的大公司，越愿意花一些钱来规避遭受专利诉讼的风险。

此外，专利作为一种智力资源，还可以为公司带来丰厚的授权收入。比如，美国高通公司每年 30% 的收入来源于专利授权。

第四类：经营能力。

经营能力也就是我们常说的本事，包括组织、策划、风险管理能力等。

商业模式案例

有一家健康管理公司和全国 500 多家三甲医院、2000 多位专家医生合作，帮助客户对接医疗服务。

该公司会根据每座城市医院的分布，分区建立健康助理团队。健康助理会带客户去看病。客户看病、买药、做手术都是自掏腰包，该公司只提供顾问服务，比如提供医疗建议和咨询，协助安排专家会诊、手术等服务。

该公司的客户群主要是企业客户，比如腾讯、美的、TCL等。企业将该公司的服务作为福利发放给中高层管理者。

该公司按人头收取会费，通常是一年五六万元。为了避免企业高管被家人的健康问题牵扯工作精力，该公司还设计了"家族计划"，会员只要多交十几万元的年费，家里的3～5位亲人就都可以享受同样的服务。

这家健康管理公司与企业之间交易的资源能力，实际上就是会员健康管理的能力。

交易主体模块：谁拥有，就和谁交易

交易主体，即资源能力提供者，也就是要和谁做交易。

交易主体可分为 4 类：业务交易主体、投资交易主体、劳务交易主体和政府部门，如图 2-8 所示。

图 2-8　交易主体的 4 种类别

第一类：业务交易主体。

业务交易主体就是与企业有业务交易关系的经营主体，比如供应商、经销商、零售商、服务商、客户、同行，可以是法人或者自然人。

第二类：投资交易主体。

投资交易主体就是提供资金的人，包括股权投资人、债权人等。随着资本市场的发展，VC、PE 等投资人越来越多，他们关注产品市场的空间大小、团队、商业模式、竞争壁垒和"护城河"等因素。不同的投资人带来的资源、承担的风险各不相同。纯粹的财务投资人往往不愿意与创始人共担经营风险，他们会设置明股实债条款。

在企业遇到经营难题时，他们会要求企业回购，这通常会令企业的经营雪上加霜。

所以，创业型企业在选择投资人的时候，不能只看对方给多少钱，更要看对方能为你带来什么样的资源能力，以及对方能承担多大的经营风险。比如，有的投资人可以给你介绍更多的订单，帮你优化商业模式、提升管理能力，帮你实现加速成长，与你共担经营风险。

第三类：劳务交易主体。

劳务交易主体主要指企业员工和团队。

第四类：政府部门。

政府也是企业的利益相关者。政府提供的服务包括国防、教育、市场管理等。

以上 4 种交易主体的角色并非独立的，它们可以转变和组合，这使得交易主体具有多重角色。

这就像一位中年男士可以有多重角色：在家里是丈夫和父亲的角色；到了单位，则是部门领导的角色；如果利用自己的专长到培训机构讲课，又是培训师的角色；如果还参与投资创业公司，又有投资者的角色。

例如，劳务交易主体角色的转换就有以下 3 种情景。

第一种：劳务交易转化为业务交易。

随着企业经营规模的扩大，部门越来越多，分/子公司越来越多，层级越来越多，人员越来越多，企业往往会采用科层管理模式，随之而来的可能就是"大企业病"：决策效率低，"部门墙"带来工作阻碍，管理的难度、效率和成本不断增加，管理效果却可能持续下降。

面对上述情况，很多大企业开始变革。例如，海尔采用"人单合一"模式；新奥集团采用"自驱体＋战略投资人"模式，化管理为交易，原来公司内部的劳务提供者成立法人企业或个体经营户，公司不再为劳务提供者缴纳薪资和五险一金，而是按业务量结算。

所以，公司不一定人越多越好，人少同样可以创造高收益。这里的"人少"，指的是需要由公司发工资、交社保的人少，但是聚合在周边和公司做交易的人可以有很多。

第二种：劳务交易转化为劳务交易＋投资交易。

例如，现在很多企业在公司、业务单元、项目等不同层级实施事业合伙人模式。不同层级的员工，在劳务交易的基础上增加了投资者的角色。

第三种：劳务交易转化为业务交易＋投资交易。

例如，在海尔的创客模式下，研发人员可以创业，海尔作为天使投资人参股。

业务交易主体可以转化为业务交易＋投资交易。

现在各个行业的头部企业纷纷设立投资公司，参股上下游企业。从原来的供销买卖交易转变为业务交易和投资交易，这样企业可以了解供应商的更多信息，甚至对供应商进行管控。

此外，政府行政交易也可以转化为行政交易＋投资交易。

很多地方政府通过投融资平台公司出资建造厂房，然后出租给企业，还与专业的投资管理机构合作，设置引导基金、产业投资基金、纾困基金，以解决企业融资难题，支持创新创业，培育战略新兴产业，为企业纾困，培育税源，提高政府资金的杠杆效应。

商业模式案例

安徽省合肥市政府下属的投融资平台公司，在京东方量产工厂缺乏资金时，通过参与京东方的定向增发，投资了京东方的合肥 5 代线工厂。这给当地引来了显示面板行业的龙头企业，带动了产业链、生态圈企业的发展，获得了股权投资溢价、税收、就业、产业关联等多方面的收益，而京东方也因此获得了长足发展。

国外的政府与企业也存在投资交易关系。

商业模式案例

空中客车为了分大型飞机市场一杯羹，于 2000 年开始谋划超大型飞机项目，也就是 A380 项目。当时空中客车预算投资 120 亿美元，占公司当年销售收入的 70%。波音公司当时也在计划开发相同的产品。评估表明，如果空中客车和波音同场较量，该项目有 50% 的可能性会亏损。

由于空中客车不能阻止波音公司进入大型飞机市场，而且它还面临点对点直航的威胁，所以是否要投资 A380 项目取决于如何管理风险。由于大多数风险因素无法控制，空中客车如果要开展该项目，就需要找到利益相关者来分担投资和风险。

谁愿意来分担空中客车的投资和风险呢？这需要分析谁是该项目成功的受益者。显然，欧盟、供应商是最重要的利益相关者。

该项目的成功对欧盟的技术进步、税收、就业等方面影响重大，欧盟就是空中客车 A380 项目的重大利益相关者；供应商可以从 A380 项目中获得更多的订单，也是利益相关者。因此，最终的融资模式是空中客车投资40亿美元，欧盟出资40亿美元，供应商和其他财务投资人也出资40亿美元。这等于把120亿美元分成3份，即使该项目失败了，空中客车也不用承担全部经营风险。

交易主体还可以分为企业内部交易主体和外部交易主体。企业内部交易主体也就是前面所说的劳务交易主体，主要指企业员工、团队和独立部门；外部交易主体则包括业务交易主体、投资交易主体和政府部门，涉及用户、供应商、经销商、代理商、同行、投资人、政府部门等。

交易方式模块：方式不同，结果就不同

交易方式是交易主体之间如何交易其资源能力。以不同的方式进行交易，产生的结果差异会很大。

根据交易主体的企业边界分类，交易方式可以分为内部交易方式和外部交易方式，如图2-9所示。

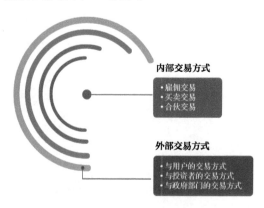

图2-9 交易方式的分类

内部交易方式

内部交易方式是指企业与不同层级的员工、分 / 子公司之间的交易。企业与员工的交易方式可以分为雇佣交易、买卖交易、合伙交易等。

第一种：雇佣交易。

大多数公司与员工之间是雇佣关系，采用科层管理模式，实行KPI 考核，员工拿固定工资加一部分绩效奖金。然而，现在越来越多的企业依靠人力资本驱动，而不是工业时代的资产驱动，尤其是在研发和销售环节，以及创意行业的企业。按照工业时代的科层管理和考核方式，在知识经济创意时代，企业越来越难留住人才，也很难激发员工的潜力。

第二种：买卖交易。

这是生活中最常见的一种交易，通常指以货币为媒介的交换活动或行为。

第三种：合伙交易。

大公司层级多、业务多、部门多、人员多，不可避免地会出现决策效率低、积极性低、成本高的"大企业病"。

越来越多的国内大企业，比如海尔、新奥集团、新希望、万科等，都在改变内部科层制的管控模式，采用事业合伙人模式，也就是内部创业模式，由企业与骨干员工及团队合作成立独立公司。

随着越来越多的企业由人力资本驱动，再加上互联网等信息技术的应用，企业正在被重新定义，企业的组织形态会发生重大变化：一是变成不同规模的平台、生态型企业；二是变成巨量的专业化、碎片化的个体或小团队企业，科层管理模式和雇佣交易方式也将被新的买卖交易和合伙交易方式取代。

外部交易方式

外部交易方式发生在企业与外部交易主体之间。外部交易主体包括供应商、经销商、服务商、用户、政府部门、投资人、保险公司等。很多时候，由于交易方式不当，交易无法实现。好的交易方式让交易主体乐于接受，从而促成交易快速有效地实现。

第一种：与用户的交易方式。

与用户的交易方式包括直接销售、租赁、以租代售、投入、赠送、半买半送、授权使用、拍卖、合资合作、会员方式等。

商业模式案例

医疗设备生产商想把设备卖给医院，那么，针对客户的支付能力及其他诉求，可以选择和设计不同的交易方式。

第一，可以自建营销团队，直接向医院销售设备。然而，这需要医疗设备生产商有与医院打交道的营销资源能力。此外，一些医院可能一次性拿不出这么多钱来购买设备。

第二，如果医疗设备生产商既缺乏面向医院的营销资源能力，又想避免灰色交易和医院的付款账期问题，就可以把设备卖给经销商，要求经销商一次性付款，再由经销商把设备卖给医院。像西门子、通用电气等欧美公司，往往就是通过经销商、代理商向医院销售医疗设备的。

第三，采用直接销售或代理商销售方式。中小医院往往承担不起高额费用，这会导致产品卖不动，医疗设备生产商可以采用租赁方式。

　　租赁方式可以显著减少医院一次性的支出金额，医院只需在若干年内按月支付租金，就能承担相关费用。这样就扩大了医院的有效需求，产品会迅速打开销路。

　　医疗设备生产商可以自建租赁公司，但租赁方式的账期比较长，对中小企业来说，资金压力会比较大。在这种情况下，医疗设备生产商可以考虑增加交易主体，通过第三方租赁公司或银行保理方式来解决。

　　第四，采用投入交易方式。租赁虽然降低了医院一次性付款的压力，但增加了医院的成本，因为租金包含了利息和租赁公司的运营费用。因此，医疗设备生产商可以采用投入交易方式，即把设备作为投入品，采取与医院合作运营的方式。医疗设备生产商还可以引入一些医疗资源，比如具有一定影响力的医生，赋能医院。这种交易方式可以有效提高医院的医疗水平和双方的收益。

　　企业与用户的交易方式还可以进一步细化，下面来看一个案例。

商业模式案例

　　在节能设备领域出现了合同能源管理模式（EMC 模式）。在这种模式下，用户不用出钱，节能设备提供商先免费提供设备，再从用户节省的能源费用中分成。

　　合同能源管理模式也是企业和用户之间比较好的一种交易方式。

　　第二种：与投资者的交易方式。

　　基于企业与投资者双方的诉求，企业与投资者的交易方式可以是债务、股权交易方式，也可以是可转债、永续债、优先股等其他交易方式。

　　例如，一些大型房地产企业的资产负债率比较高，如果继续采用债务融资，会危及企业的资信等级，增加财务危机风险；如果发行股票，又会稀释股权。在这种情况下，企业可以选择优先股或永续债的交易方式。因为按照会计准则，这几种金融工具是记录为权益而非负债的。采用这几种交易方式，企业既可以筹集到资金，又不会增加资产负债率。

第三种：与政府部门的交易方式。

针对基础设施、公用事业项目，企业和政府往往采取 BOT（Build-Operate-Transfer）模式（企业出资建设、运营，若干年后移交给政府，政府不用出钱）。

有些项目若完全由商业资本出资会达不到投资收益率的要求，因此需要政府分担一部分投资。这就是国内目前在基础设施、公用事业项目建设中比较流行的 PPP（Public-Private Partnership）模式，也就是政府和商业资本合作投资。

好的交易方式可以让外部交易主体乐于接受，从而更容易达成交易、轻松获客，或者获得所需的资源能力。

交易收支模块：通过合理设计，挖掘交易的盈利潜能

交易收支就是人们常说的盈利模式。

不少人把商业模式等同于盈利模式。的确，盈利模式是企业经营追求的结果，但它只是商业模式的一个重要组成部分。好的盈利模式本身就是一项重要的竞争优势！如果盈利模式设计不当，轻则没有赚到应有的收益，重则在竞争中落败，经营难以为继。

我们先来看一个经典案例。

商业模式案例

在 1984 年洛杉矶奥运会以前，奥运会都是由各国政府出资举办，一直没有找到好的盈利模式，都是投入巨资后面临巨额亏损，赔本赚吆喝。比如，1976 年蒙特利尔奥运会，政府欠了 10 亿美元，30 多年后才还清；1980 年莫斯科奥运会，政府花费了 90 亿美元，一直没有赚回来。奥运会的盈利模式一直是个难题。

直到 1984 年洛杉矶奥运会出现了一位商业天才——尤伯罗斯，解决了这一问题。尤伯罗斯当时只是洛杉矶市一家旅游公司的小老板，虽然没有管理过大企业和大项目，但他十分擅长创新商业模式。

据说尤伯罗斯读小学的时候，老师给他的评语是：这是个不爱热闹的学生。但尤伯罗斯自己加上了一句话：这是一个喜欢琢磨热闹的学生。

尤伯罗斯喜欢琢磨如何从热闹中赚钱，他发现大热闹更容易赚钱。

当时，洛杉矶奥运会的筹备非常艰难，因为美国联邦政府、加利福尼亚州政府、洛杉矶市政府都不愿掏钱，而且禁止发行公共债券和彩票来为奥运会募资，让美国奥委会自己想办法解决资金问题。

美国奥委会一度想反悔，想退还主办权，但国际奥委会不同意，因为没有哪个国家愿意接手。因之前尤伯罗斯多次在媒体上嘲笑美国奥委会无能，美国奥委会就顺水推舟：你尤伯罗斯行，那就你来吧！于是，尤伯罗斯临危受命，首创了奥运会的"私营模式"，把亏损的奥运会做成了赚大钱的生意。

尤伯罗斯有什么开源增收、节流降本的高招呢？

第一，利用奥运会的巨大关注度，确定最佳交易主体，改变定价方式，设计出拍卖机制，制造稀缺资源，挑动商业巨头竞相抬价，增加赞助收入。

首先，尤伯罗斯决定将洛杉矶奥运会办成参与国家数量最多、规模空前的一届奥运会，制造最大的眼球效应。因此，他力邀中国参加，而这是新中国首次参加奥运会。虽然由于一些国家的抵制，洛杉矶奥运会最终未能实现参与国家数量最多的目标，但尤伯罗斯制造的眼球效应还是产生了一定的影响力。

其次，尤伯罗斯改变了赞助商的选择标准、进入门槛和定价机制。

以前举办奥运会的政府也注意到了"全球关注度"这一资源，并引入了赞助商机制。不过，这些政府设置的门槛比较低，什么行业都有，且每个行业的同行企业数量很多，比如啤酒行业就有多家企业参与。这使得每家企业赞助的钱都比较少，几万美元就可以入选，广告效果也不明显。

尤伯罗斯认为，"全球关注度"这样的稀缺资源以这种方式进行交易，价值太低了。他就选定了30个行业，每个行业只选一家企业作为赞助商，采取公开拍卖的方式确定入选企业，从400万美元起拍。比如，在饮料行业，可口可乐为了打败百事可乐，最终花了1260万美元的赞助费，这在当时可不是一笔小数目；在胶片行业，富士出价700万美元，打败了只愿意出价400万美元的柯达。

第二，把火炬接力商品化。

能参与奥运会火炬接力无疑是一种荣誉，尤伯罗斯认为，这个荣誉不能白给，火炬手风光了，但我没挣到钱，就意味着在这个交易中，美国奥运会是吃亏的。

所以，他改变了规则，挖掘出新的收益来源。

要想参加火炬接力？可以，你跑1英里要交纳3000美元。如果你想多跑，比如跑2英里，那就要掏8000美元。由于参与者众多，火炬接力的里程比常规计划多了十几万英里。

第三，用招标方式出售电视转播权。

在电视转播权的招标中，美国广播公司以2.25亿美元胜出。尤伯罗斯还将电视转播权卖到了欧洲和澳大利亚。仅卖电视转播权这一项，他就筹到了2.8亿美元。这是以往电视转播权卖价最高纪录的3倍。

尤伯罗斯设计的奥运会盈利模式如图2-10所示。

收入		支出	
奥运会开始前	**奥运会开始后**	**场馆支出**	**人工支出**
·赚赞助商的钱	·赚火炬手的钱 ·赚电视台的钱	·尽量利用现有场馆 ·赞助商冠名出资 ·将大学生宿舍作为运动员村	·招募志愿者

图2-10　尤伯罗斯设计的奥运会盈利模式

尤伯罗斯挖空心思改变了盈利模式，使得洛杉矶奥运会开源增收、节流降本，最终只耗资5亿美元就成功举办了奥运会，还获得了2.25亿美元的盈利。

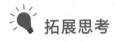 拓展思考

从尤伯罗斯为1984年洛杉矶奥运会设计的盈利模式中，你可以提炼出盈利模式的哪些细分模块？

我们把交易收支进一步细分为4个子模块，如图2-11所示。

图 2-11　交易收支的 4 个子模块

收支定向：赚谁的钱？给谁分钱？谁来出钱

收支定向包括 3 个方面：一是赚谁的钱，也就是从什么产品获得收益；二是给谁分钱；三是谁来出钱。下面分别对这 3 个方面进行阐述。

第一，赚谁的钱？

通过哪个环节、哪类客户赚钱？是赚上游还是下游的钱，还是上下游的钱都赚？是赚 B 端客户、C 端用户还是政府用户的钱？通过哪一类产品赚钱？

例如，是通过硬件产品赚钱，还是通过软件产品或者服务赚钱？是通过单一产品还是产品组合赚钱？是通过当前产品还是后面的增值产品赚钱？

商业模式案例

在搜索软件领域，对于信息搜索相关的企业来说，可选择的收入来源有哪些？

选择一：Verity 率先开发了文件搜索软件，自我定位为搜索软件开发及提供商，通过销售搜索软件获得收入。

选择二：有的企业则定位为信息搜索服务提供商，不出售软件，而是收取搜索服务费。

选择三：雅虎定位为搜索服务商，但不收取搜索服务费，而是基于搜索服务带来的用户注意力资源，从广告中获得收入。

第二，给谁分钱？

分钱是商业模式中的驱动力。未来社会的分工会越来越细，企业家更需要整合可以合作的资源，把利益分出去，与合作者形成利益与风险共同体，利益共赢，风险共担。

第三，谁来出钱？

传统企业的成本通常由企业自己出，收入则来自直接客户。事实上，除了采用新的技术降低成本外，企业还可以通过交易设计来交易资源能力，转变成本承担主体，也就是把成本配置给利益相关者。企业还可以转化成本形态，把固定成本转化为可变成本，甚至把成本转化为收益。

例如，影视剧拍摄中所使用的场地、道具，原来剧组要花钱租用，现在可以将这些场景、道具变成资源位，免费获得甚至收费使用。企业的收入可以来自直接客户，也可以对直接客户免费，由第三方出钱，还可以同时向直接客户和第三方收钱。

很多互联网公司喜欢用免费产品吸引用户。实际上，免费产品只是被当作流量入口，互联网公司从中挖掘到了新的收益来源。

总体来说，收支定向就是要明确从哪里赚钱、给谁分钱、谁来付钱。随着移动互联网时代的到来，信息的连接面变得更广，触达的利益相关者更多，比如受益者、贡献者。

收支定式：如何收钱？如何付钱

明确了收支定向后，还要知道如何收钱和付钱，即收支定式。收支定式具体包括以下 3 个维度：

维度一：收支定型，包括佣金、价差、固定、分成、剩余、固定 + 分成等。

例如，银行的盈利模式是赚取利差，证券公司则是赚取佣金。2010 年，苹果推出 iPad，并与出版商达成协议：出版商以最低价格在苹果的 App 上销售电子书，苹果按销售额抽取 30% 的佣金。

亚马逊的 Kindle 则采用图书零售业常规的价差模式：以折扣价向出版商购买电子书，然后亚马逊自己定价，再通过电子阅读器的 App 销售给读者。

维度二：收支定时，指什么时候收支，包括预先、延迟、分期、分时等。

维度三：收支定制，指谁来定价，包括产品服务定价、卖方定价、买方定价、拍卖定价、用户自愿出价等。

企业通常采用产品服务定价模式，但如果产品服务供不应求、资源稀缺，为了实现收益最大化，往往会采用拍卖定价模式。例如，巴菲特每年的慈善午餐机会就采用了拍卖方式。

商业模式案例

有一家设计了很多知名作品的工业设计公司，它的收费标准很高，每个设计项目按照工作量、难度不同，基于成本加成的理念，向客户收取几十万元到几百万元不等的设计费。

这种收费方式会带来一个问题：如果设计出来的产品推向市场后销售不佳，则失败的风险完全由客户承担，设计师不用承担风险，客户就会以此来压低设计费。

另一方面，如果设计出来的产品推向市场后大获成功，客户赚大钱，但这与设计公司没有关系，设计公司没有赚到应有的收益。

这种单一的定价方式，使得该公司的设计费在市场竞争激烈的情况下一降再降。该公司在新产品——老年手机的设计上尝试了新的定价方式，首战告捷。

该公司是怎么做的呢？

该公司为老年手机申请了设计专利，然后授权给客户，根据客户的产量收取授权费。

这样，该公司与客户共同承担经营风险，共同分享成功的收益，其设计的价值得到充分体现。

通过老年手机的设计这一个项目，该公司当年就获得近1000万元的授权费。

企业可以针对不同利益相关者的诉求，设计不同的收支方式。比如，针对固定租金专柜、自营销售专柜、合作销售专柜，商场分别可以获得固定租金、剩余利润和分成收入。

对同一交易主体，还可以进行不同定价的叠加。例如，深圳农产品市场对一级批发商收取固定的席位费，对二级批发商收取固定的档位费。此外，它还对一级批发商的每批农产品收取进场费，并对每笔成功的交易收取 1.5% 的交易佣金，这是分成方式。

人力资本驱动型公司，比如律师事务所、管理咨询公司等，以往采取的常规收费模式是收取固定费用。以管理咨询公司为例。咨询业务的贡献事先难以量化，咨询效果往往滞后。此外，影响咨询效果的因素比较多，很难判断是不是由管理咨询报告带来的。这样一来，客户就不愿支付高价。

现在，国内一些管理咨询公司会采取以下 3 种方式获利。

第一种：增长分利。

免收咨询费，在客户实现收入或利润增长后，针对增长的部分提取一定比例的分成收益。

第二种：咨询费换股权。

把咨询费转变为客户企业的部分股权，与客户企业共同承担经营风险。

第三种：投资入股。

除了按常规收取咨询费用外，还可以按一定的优惠价格投资入股客户的公司。管理咨询公司通过协助客户成长、推动股权增值来实现收益，并将服务延伸到价值容易度量的环节。

这几种方式不仅适用于管理咨询，也适用于市场营销、股权投资、市值管理、融资等项目。

收支定纲：按什么指标来定价

收支定纲，即定价量纲，指按什么指标来定价。

收支定纲可以分为通用的财务量纲和行业量纲。

财务量纲包括成本、利润率、回收期、投资收益率。

行业量纲比较多。例如，卖场可以按进场资格、位置、面积等量纲来定价；货运行业可以按物品重量、体积、价值、距离等量纲来定价；高校教师的课酬可以按职称、知名度、课时、学生评价等量纲来定价；制造业可以按工作时间、产量、（设备）运行时间、（轮胎）行驶里程等量纲定价；互联网行业可以按点击率、转化率、流量等量纲定价；软件行业可以按基本功能、增值功能等量纲来定价。

商业模式案例

米其林一开始通过经销商来出售轮胎，不与用户直接交易。后来，米其林研发了一款性能更佳的产品，如果直接提高价格，用户可能不愿接受，因为没有验证数据的支持。米其林就在轮胎上加装传感器，这样就可以获得轮胎行驶里程数据。于是，米其林就调整了交易方式，对大型物流公司用户采取新的交易方式：把轮胎的使用权出售给物流公司，同时改变收支定纲，按行使里程计价。

同时，米其林能为物流公司提供轮胎管理整体解决方案，提高其运营效率，并可以度量其降低了多少使用成本和维护成本。据此，米其林再按"共享价值条款"，分享物流公司轮胎维护所节约成本的 50%。

很多人上初高中的时候，都参加过课外培训班或者请过家教。大家回想一下，培训班或家教是按什么量纲来定价的？

常规方法一般是按课时来定价，一小时多少钱，或者一天多少钱。老师的水平越高，课时费往往也越高。但是，从家长的角度或学生的角度来看，他们最在意的是实际效果，担心自己花了这么多钱，如果成绩没有提高，钱就打了水漂。从老师的角度来看，自己的时间和精力有限，培训的学生数量也有限，如果课时费太低，积极性就会大大降低。

商业模式案例

有一位办物理培训班的老师，对物理几个容易出错的知识点进行解析，找到了破解之法。经过她的培训，学生解决困惑问题的成功率显著提高，在考试中可以提高 5 ~ 8 分。

她的培训班也是按课时收费，因为提分效果好，所以每小时的价格定得比别人高，但报名的学生并不多。

如果你面临这位老师的情况，会如何解决？

首先，我们来看看这位老师有什么能力。她有帮助学生解答难题的能力，这是一个独特的价值点。其次，这个能力对谁最有用？换言之，谁是最佳交易主体？对成绩比较差的学生来说，在考试中提高 5 ~ 8 分作用不是很大，但对一些成绩中等偏上的学生来说，他们可能离合格分数线就差这么几分，因此对这几分非常敏感。这几分对这些学生来说非常重要，如果老师能帮他们有效提高分数，家长多花点钱也愿意。

基于以上两点分析，这位老师可以调整收支定纲。首先，她要筛选出成绩中等偏上的学生，按提分效果来收费，比如提升 3 分收多少钱，提升 5 分收多少钱，而且可以递增定价。这样把培训费与实际效果挂钩，即使收费高一些，家长和学生也会觉得物有所值。

除此之外，培训班还可以有很多种收支定纲。比如，可以在收取一个基础培训费的基础上，由学生按学习效果来打赏。

收支定纲选择得当，可以提高客户满意度和支付意愿，同时提高自己的收益。

收支定量：收取多少？支付多少

收支定量有 3 个模型：成本加成、客户价值分成及两者结合。

第一种：成本加成。

这个原理是企业投入要素的成本需要得到补偿，在成本核算的基础上，再加上一定的利润率。大多数企业是按历史成本加成的原理来定价的。

成本核算有两种类型：基于当前产能规模的实际成本＋要求的利润率和基于预期销售规模的生产经营成本（假设成功）。

第二种：客户价值分成。

随着智能数字化时代的到来，产品对客户创造的价值比较容易度量出来，因此更适合采用客户价值分成原理和模型。因为成本只是告诉你产品的最低售价，但客户可能并不关心你的成本，而是关心你的产品对他来说有多大价值。客户价值体现在给客户增加了多少收入，或者降低了多少成本，或者减少了多少风险、损失。按客户价值分成模型量化定价，就是核算给客户创造的价值数额，按照一定比例分成。例如，节能减排产品给客户节省了多少电费、人工费。

我们以家装公司的定价方式来分析一下客户价值分成模型。

某大学新建的教师住宅小区要装修，家装公司应该如何定价？

常规的家装公司定价，一般是按单项服务定价，比如对设计费、工时费、装修材料采购费、定金等分别定价，然后将其相加；还有一些家装公司以装修面积来定价，比如每平方米收取多少费用。不过，不同的客户对装修有不同的诉求，对价格的敏感程度也不同。

个人的体会是，住房装修的痛点是一开始的硬装。因为部分住户喜欢按自己的偏好去挪动燃气管、水管、电线，而这些东西是不能随便挪动的，需要燃气公司、自来水公司、电力公司派人上门确认，需要等待他们安排时间。这就给装修增加了一定的时间成本。此外，如果装修人员没有尽心尽责，燃气管、水管往往会被堵塞，而客户当时看不出来，日后可能会出现问题。比如，燃气灶打不着火，客户一开始可能会以为是燃气灶或管道的问题，要找燃气公司或灶具公司的人来看，这些事处理起来很耗费时间和精力。

即将搬到新居的大学教师最稀缺的是什么？是时间的机会成本。他们往往并不在意省一点钱，更在意的是省心、省时。因此，对待这些客户时，装修公司可以自我定位为"装修管家"，帮助客户管理硬装阶段的施工。这需要家装公司更细致地了解客户——大学教师的时间机会成本，即时间价值。

第三种：成本加成 + 客户价值分成。

采用客户价值分成法，回款比较慢，如果企业的资金实力不够强，容易出现资金缺口。为了避开价格战，更好地获客，企业可以采用"成本加成 + 客户价值分成"组合法。

这个方法可以细分为：成本少加成或不加成 + 设备对客户的增值分成（与竞品相比），竞品价格 + 客户增量价值分成，低于竞品价格 + 客户增量价值分成，低租金 + 客户增值分成，等等。

商业模式案例

某设备制造商重视研发，产品品质高于同行，成本相应也比较高。该制造商采用成本加成法，价格比同行产品贵20%。比如，同行产品卖100万元/台，该制造商就卖120万元/台。一些用户觉得这家的产品贵，转而购买同行的产品。

后来，该制造商改变定价方式，比如卖90万元/台，比同行产品还便宜，然后根据产品给用户降低的成本入股，对产品收益收取 3 年的分成。改变定价方式后，该制造商的销售收入增加了 20%。

商业模式案例

大众旅行社通常靠低价甚至零团费来吸引游客，然后从游客的购物餐饮等消费提成中赢利，这样往往会引起游客反感。

某小微企业推出高净值人士的境外独特风光旅游业务，比如到肯尼亚看动物迁徙，到北极看北极光。该企业会研究最佳旅游时机和路线，为客户推荐当地独特的餐馆、民宿，按其成本＋客户体验来定价，不从客户购物、餐饮住宿等环节赚钱。

交易风险管理模块：管好风险，交易才长久

利益相关者在焦点企业主导的交易结构里面临两类风险：经营风险和行为风险。

经营风险是指由于企业内外部经营环境的不确定，导致经营可能出现亏损甚至失败，各交易主体面临损失。比如，服装企业面临服装滞销的经营风险；供应商面临客户出现经营和财务危机后，应收货款不能回收的风险。

经营风险因素可分为两类：一类是外部经营风险因素，包括自然风险、产品市场风险、供应品市场风险、政策风险、金融市场风险；另一类是内部经营风险因素，包括决策风险、操作风险、流动性风险、经营能力风险、人才流失风险、合规风险、IT

风险等。

下面来说说行为风险。利益相关者，要么是法人，要么是自然人，都有趋利避害的本性，希望自身利益最大化；甚至他们中的一些人一有机会就可能违约，或者侵占其他人的权益，也就是存在机会主义行为风险。交易主体的机会主义行为风险需要予以遏制，否则会引发、加剧企业的经营风险。

交易风险管理，包括如何在企业内外部交易主体之间分配好经营风险，如何管控企业内外部交易主体的机会主义行为风险。

交易风险管理得当，可以最大限度地利用外部资源能力，快速实现自身投资价值的最大化，让企业或利益相关者的生态系统能够持续交易。交易风险如果管理不当，则会引发财务危机，危及交易的持续性。

 **拓展思考**

1. 盘点一下你在工作和生活中与哪些人做过交易，他们分别属于哪一类交易主体？你能不能再扩大一下自己的交易范围，和更多不同的交易主体做交易？

2. 你认为自己所在的企业与用户、经销商等外部交易主体的交易方式是否可以调整优化？

3. 文中介绍了 1984 年洛杉矶奥运会，它扭转了之前奥运会亏损的局面。但是，尤伯罗斯的办法现在已经不管用了，很多国家办完奥运会后仍负债累累，这种盈利模式需要重新升级。如果现在让你来办奥运会，你会如何设计一个新的商业模式来扭转局面呢？

4. 你所在的公司按什么量纲对产品定价？背后的定价原理是基于成本加成还是客户价值分成？

第 3 章

经营活动优化：
该强化的强化，该剥离的剥离

一方面，经营活动是参与交易的前提条件，没有经营，就谈不上交易。另一方面，经营活动亦是可控性最强的领域，该干什么，不该干什么，完全由企业自己决定。这一切就决定了商业模式优化需要从经营活动优化开始，通过不断调整业务活动范围，强化优势，弥补不足。

找对问题：从真正的矛盾点出发

商业模式优化设计的起点

企业在发展过程中总会遇到问题，有些还是难以解决的问题。解决问题则需要配置资源能力。商业模式优化设计的目的，就是要通过交易结构的优化设计来配置资源能力，取长补短，有效解决问题。因此，商业模式优化设计的起点是发现问题，具体包括以下问题。

企业自身面临的问题，比如缺乏资金和品牌；盈利问题，比如产品很好，但打不开局面，销售增长缓慢甚至下降；投入大、成本高，入不敷出，赔本赚吆喝；研发问题，比如研发成本与效率、效果的问题；经营成本居高不下的问题……

此外，还包括其他企业面临的问题，比如经销商、供应商面临融资难的问题，客户面临资金不足的问题，同行面临品牌问题、经营能力不足的问题等，如图 3-1 所示。

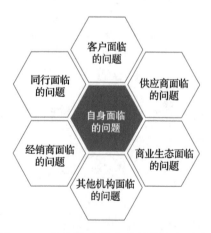

图 3-1　商业模式优化设计的问题来源

经营活动优化：该强化的强化，该剥离的剥离

商业模式优化设计的角度

商业模式优化设计有 6 个角度：经营角度、技术角度、税务角度、会计角度、法律角度和金融角度。

· 经营角度

关注经营活动的利益相关者交易结构优化设计，缓解资源能力约束，获得、保持和增强竞争优势，提高资源能力的收益，这是本章分析的重点。

· 技术角度

互联网、物联网、区块链、云计算、人工智能等科技正在改变所有行业，重塑业态、重组分工、重造流程、重构模式以及数据化。从这个角度来看，现在的产品、流程和交易方式在效率和价值方面，存在巨大的提升机会和空间，还能实现原来做不到的事情。

新零售、新物流、新金融、新营销等，就是利用新的信息智能数据科技，改造了传统的经营方式、交易方式和盈利模式。

例如，蚂蚁集团以"互联网＋数据＋人工智能技术"开发的支付宝、余额宝、小额贷款、农村普惠金融等产品，显著提升了金融业务的经营效率和用户体验。

· 税务角度、会计角度、法律角度

交易无处不在，税收、会计、法律如影随形！

1. 合法优化纳税

税务的底层是交易，这与商业模式定义中的"经营活动的利益相关者交易结构"高度重合，二者存在天然的互通性。有利益，才会交易；有交易，就会涉及会计核算和税收。针对不同的经营主体、产品、交易方式、收支方式、地区等，税率不同。通过优化交易设计，企业可以消除税务合规风险，合法降低税务成本。

2. 通过交易设计，规避会计准则核算的负面影响

交易必然要进行会计核算。不同的核算方式对收入及成本费用的确认不同，会影响利润结果。

商业模式案例

科技企业想保持竞争优势，必须加大研发投入。研发投入少，产品升级换代慢，竞争优势可能会衰落。然而，按照会计准则，大部分研发支出属于费用，研发投入越多，费用就越多，利润就越少。

公司上市及上市后的融资监管政策也是以会计指标为准，净资产收益率需要达到某个数值才能承诺增发、配股或发行可转债。研发投入越多，利润越少，轻则降低每股收益和股价，重则影响上市公司股权再融资、信用等级和固定收益融资；如果公司连续3年亏损，甚至会退市。企业能否通过交易设计，减少会计准则对研发投入的费用处理呢？

一种解决方案的交易结构设计如下：由需要开发技术并有开发能力的公司（通常是一般合伙人）发起，与有限责任合伙人组建一个专门从事特定的 R & D（Research and Development）项目的有限责任合伙（Limited Partnership）机构，称为研发有限合伙公司（RDLP）。

RDLP 公司由一般合伙人的公司（发起公司）负责管理。发起公司投入的资金和占股比例很少，比如1%。RDLP 公司与发起公司签订开发、服务、收益等方面的一系列协议，包括新技术开发及服务协议和技术特许协议。

第一，新技术开发及服务协议。

研发工作仍由发起公司负责，RDLP 公司实际上没有雇员。RDLP 公司可以充分利用发起公司的研发经验、人员和设施，无须招募和培训开发人员；发起公司则提供研发过程中的管理服务。

第二，技术特许协议。

发起公司仍要从事基础研究工作，其成果须转移至 RDLP 公司。RDLP 公司可以使用发起公司与新技术开发相关的专有权。

作为一般合伙人的发起公司，具有收购有限合伙人在 RDLP 公司的权益，以及通过购买或支付技术许可费的方式使用 RDLP 公司开发的技术的专有权。

上述交易结构设计为设立一个 RDLP 公司，募集一笔研发资金，委托发起公司研发。实际上，还是发起公司在研发，只是它不用出研发费，反而要收取一笔委托研发费。研发成功后，发起公司要向 RDLP 公司缴纳专利使用费，或者收购该技术。

RDLP 公司的股权单位可公开募集或私募，可以不流动，也可以上市交易。RDLP 公司的股权单位与一般公司的普通股不同，主要表现在以下两方面。

第一，RDLP 公司有确定的经营期限，随着到期日临近，其公司的股权单位的市场价值会下降。

第二，RDLP 公司的股权单位投资者的收益主要是现金流，而不是预期股权单位价格上涨所带来的收益。

RDLP 公司的投资者收益主要来自向负责开发的一般合伙人出售新产品技术，或以技术许可方式收取费用。RDLP 公司合伙人收益安排可以有不同等级。例如，有一种 RDLP 收益分配规定，技术许可费首先用于偿还主要合伙人的初始投资，然后在所有普通合伙人中按投资比例分配。RDLP 模式如图 3-2 所示。

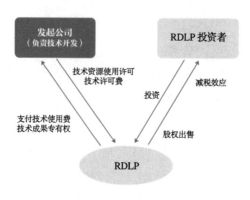

图 3-2　RDLP 模式

RDLP 模式的优势如下。

第一，把发起公司要投入的研发费用转移给外部投资者，增加公司的利润。

第二，RDLP 公司与发起公司签订了开发合同，要向发起公司支付开发费，这样发起公司可以把本应支出的研发费用转化为收益。

下面再看一个案例。

商业模式案例

星巴克作为全球最大的咖啡连锁店，在欧美市场已经做得非常好了，希望能进入新兴市场，只是担心前期可能出现的经营亏损会对公司的股价造成负面影响。如何解决这一问题呢？

星巴克利用自己的产品、品牌资源和运营管理产生收益的能力，设计出在新兴市场地区规避自身经营风险的扩张模式，即在当地寻找有实力的合作伙伴，然后组建合资公司。比如，星巴克在中国市场扩张时，就在北京选择了三元食品，在上海选择了统一企业，在广州选择了美心集团，分别组建合资公司。

星巴克在合资公司中最初的持股比例为 5%～20%，这样可以规避合资公司亏损时合并报表的风险。当然，星巴克还设置了增持股份的选择权：如果市场需求旺盛、合资公司经营良好，净利润达到约定水平时，星巴克有权按约定的倍数（比如 8～10倍）回购合作方的部分股权，增持合资公司的股权至 50% 以上。星巴克进入中国市场的风险规避策略如图 3-3 所示。

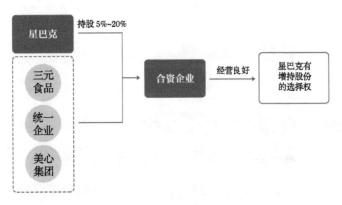

图 3-3　星巴克进入中国市场的风险规避策略

· 金融角度

商业模式案例

20 世纪 70 年代以前，万豪酒店集团（Marriott）通过债务融资方式建造了许多酒店。然而，在 20 世纪 70 年代的石油危机期间，其高负债率的隐忧开始显现：银行贷款利率暴涨，万豪的资金链异常紧张，流动性危机风险激增，迫切需要将被酒店资产所束缚的现金流释放出来。

万豪就对业务结构进行了重大重组，将原有业务分拆为两部分：一部分是专营酒店管理的万豪酒店管理公司（Host Marriott），该公司不拥有酒店的所有权，而是以委托管理的方式赚取管理费；另一部分是专营酒店资产证券化的房地产投资信托基金（Real Estate Investment Trusts, REITs），万豪将酒店资产都剥离出售给该基金，以回笼现金流。典型的REITs交易结构如图3-4所示。

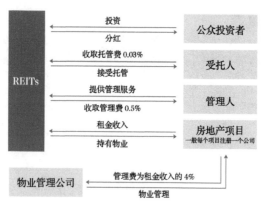

图 3-4 典型的 REITs 交易结构

REITs缓解了万豪当时的财务危机，创建了一种新的产融结合模式。万豪此后的扩张，是通过房地产投资信托基金新建、改建或收购酒店资产，并与酒店管理公司签订长期委托经营合同，每年支付给管理公司一笔管理费用，然后将酒店经营的剩余收益分拆为成千上万份，以一种证券形式发售给公众投资者。

REITs是专门针对房地产的一种资产证券化投资工具。资产证券化起源于 20 世纪 60 年代末，是 20 世纪金融领域一项非常重要的金融创新。其实质是将一组缺乏流动性但预期可以产生比较稳定的现金流收益的资产，出售给特殊目的工具（Special Purpose Vehicle，SPV），配以相应的信用增级，转变为可在金融市场上流动、信用等级较高的固定收益证券。资产的所有权可以转让，也可以不转让。

资产证券化可以助力重资产行业分拆资产投资、运营管理、品牌等要素，重新分工组合。优秀企业可以举重若轻，化重为轻。目前，国内正在发展 REITs。

突破约束：重新分配上下游的资源能力

企业完成每个活动都需要配置相应的资源能力，但企业在具体活动上的资源能力强弱和缺口不同，即存在约束条件。商业模式关注经营活动，包括如何设置经营活动，如何解除约束、完成活动。这首先需要企业对自身及其产业链上下游交易主体的经营活动进行解构，根据资源能力的配置能力及状况，进行优化重组再分配，并决定经营活动的完成方式。

我们先来看一个案例：王安石设计的保甲法 + 保马法，即向农户外包军马养护活动，以降低军马养护成本。

商业模式案例[1]

北宋一直生存在强敌环绕的地缘政治环境中，辽、金、西夏等政权都曾与之发生过大规模战争。战时军队开支巨大，

---

① 本案例由范家琛撰写。

本就不堪重负的北宋政权无力长时间承受这样的支出。但是，如果不能保障军队的开支，北宋政权危在旦夕。

如何解决这个问题呢？

在传统的军队运营模式中，军队所有在编人员都是专职军人，军队自己管理战马、兵器、盔甲等军备物资。这种模式的好处是保证了军队的专业性和独立性，但弊端在于军队只有支出而无创收，军费开支巨大。兵器和盔甲等军备物资的开支是一次性的，且使用年限较长；而军人和战马是古代军队开支的主体，二者都需要持续消耗粮草。

王安石通过保甲法和保马法，改变了军队的军人培训和军马养护活动模式，把部分军人和军马的养护成本转移给第三方，有效削减了军队的日常军备开支，减轻了政府的财政压力。图 3-5 为保甲法＋保马法图示。

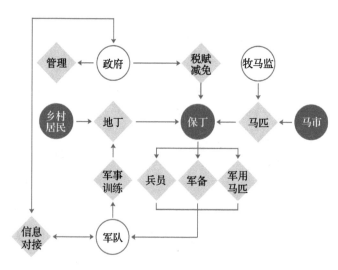

图 3-5　保甲法＋保马法图示

保甲法主要用于组建预备役部队，把军人的活动分为平时训练和战时作战两部分。政府对乡村居民进行编制，十户为一保，户有两丁以上者，出一丁作为保丁。保丁在农耕期专事农务，农闲期间由军队对其进行军事训练。保马法是指原本由政府所辖牧马监所饲养的军马转由保丁自愿饲养，对那些自愿养马的保丁，政府会依据其养马数量免除其一定量的税赋作为补偿。

鉴于税收减免带来的收益，大量保丁就向政府申请养马。在原牧马监的军马被认养完后，政府还出资鼓励保丁自行在马市上购马并作为军马来饲养。这样，政府不仅转移了军马的饲养成本，还显著增加了军马的数量，为军队与辽、金、西夏的骑兵作战提供了有力支持。

一旦战事爆发，保丁即可组成军队开赴战场。以保甲户来取代部分非精锐部队，可以在保障军队总体作战能力的基础上，将部分成本转移给保丁。保甲法的相关规定削减了非保丁人员的兵役，在推行过程中没有受到太大的阻碍。

塑造竞争力：经营活动优化的基本原则

商业模式优化设计的第一个模块是经营活动优化设计，即确定企业要从事哪些经营活动，包括对现有经营活动进行调整以及新增经营活动优化设置与调整。

经营活动的优化设置与调整有两个原则。

1. 竞争优势原则：提升企业经营效率，获得竞争优势

一是增加经营活动，创造客户价值，提升客户体验，增强客户黏性

某酒店装修公司主要为新建宾馆、酒店和现有宾馆、酒店

的改建提供装修服务，在面临招标价格战时，其优势能力不能充分发挥出来。经过思考，该公司决定增加酒店设计咨询服务，帮助客户优化设计、调整业态和优化功能布局，提高宾馆、酒店的坪效。

Costo（开市客）针对顾客面对琳琅满目的商品无从选择的困惑及较大的时间成本，将自己定位为帮助顾客挑选性价比最优商品的"商品中介"，增加了为顾客精心挑选商品的经营活动。

海底捞增加了对顾客的服务活动，提升了顾客体验和黏性。京东自建仓储，自营物流配送，增加了经营活动，改善了用户体验。

二是按比较优势，减少非核心活动，或者外包

戴尔采取直销模式来减少经营活动层级，降低成本。可口可乐减少经营活动，自己不从事装瓶和营销活动，减少了资源能力需求，缓解了资源能力约束。

这可以进一步推广到提升产业链或商业生态的经营效率，重组分工。这一角度是对企业自身或上下游经营主体的经营活动进行分拆，分析各经营主体在具体经营活动中的资源能力优劣势以及完成活动的成效、风险状况及风险承受的意愿和能力；将经营活动重新配置给具备优势资源能力、能够高效完成经营活动的经营主体，让每个经营主体按照资源能力比较优势，确定自身要从事、调整哪些经营活动，以及经营活动的完成方式（自己完成、外包、赋能合作）。表3-1为企业经营活动资源、能力及风险分析表。

表 3-1 企业经营活动资源、能力及风险分析表

风险分析要素	上游经营主体经营活动	本企业经营活动							下游经营主体经营活动
		产品研发	外观设计	采购/物流	制造活动1	制造活动2	销售渠道	服务	
资源能力需求									
自身资源能力优劣势									
经营活动的完成成效									
风险承受能力									
确定经营活动									
确定经营活动的完成方式									

某充电网系统设备提供商为快速拓展业务，根据自身及车企、地方城市运营公司等主体在充电网业务各活动中的资源能力比较优势，设立了多种与社会各界力量共建充电桩的合作模式。这种模式由合作伙伴承担不同设备、场地等经营活动的资源能力投入，该企业主要承担平台运营和运维等活动的投入和经营。这样大大减少了该企业独自建设充电桩的投入成本，还可以获得稳定的用户，也从充电桩投建型企业转型为充电网运营公司。

表 3-2 为充电网系统设备提供商的合作模式分析表，其中 A 公司为该企业。

表 3-2　充电网系统设备提供商的合作模式分析表

资源能力投入	方案一		方案二		方案三		方案四	
	合伙人	A公司	合伙人	A公司	合伙人	A公司	合伙人	A公司
设备	√		√		√		√	
场地	√		√		√		√	
配电	√		√			√		√
工程	√		√			√		√
平台		√		√		√		√
运营		√		√		√		√
运维		√		√		√		√

根据经营活动优化需要，企业的经营活动可以进一步细分。在细分的过程中，企业可以微观洞察自身资源能力的优劣势，更好地优化经营活动及完成方式。

此外，企业经营活动成效及风险分析和重新设置的范围，不应仅限于企业自身，还要扩展到产业链、生态圈中的经营主体。

2. 经营安全/风险最小化原则

企业自己完成和掌控核心活动，可避免被卡脖子，有利于管控经营风险。企业也可以把一些资金消耗大的经营活动交给其他利益相关者，可避免自身举债，降低财务危机风险。

收缩与扩张：经营活动优化调整的六种方向

经营活动优化调整的方向有以下几种。

一是企业内部经营活动转移：把分/子公司、业务部门或项目的某些活动上移到企业总部、中台，或者把企业总部、中台的某些活

动下沉到分 / 子公司、业务部门或项目，或者在部门间转移活动。

二是合并活动或者分拆活动。

三是增加活动，比如增加咨询、投资、融资、服务等活动，把产业链上下游经营主体资源能力相对不足、成效低或者风险承受能力差的经营活动纳入自身经营范围。例如，不少制造业企业从制造转向服务，负责客户的产品运维活动。

四是减少、放弃或者去除活动，比如减少销售层级。

五是替换活动：用效率更高的技术或方式替换当前效率低的活动，比如用 App、小程序、机器人等进行替换。

六是外包活动，即把自己不太擅长的活动转移给外部经营主体。

（1）店面投资与经营活动外包：品牌餐饮店扩张时，如果自己有足够的资源能力，可以完全由自己来完成店面投资和经营活动；如果缺乏店面经营能力，可以采用特许加盟方式，让合作者完成店面经营活动；如果某个合作者也没有能力投资，还可以分拆店面投资和经营活动，将其分别交给不同的合作者来完成。

（2）研发活动外包：生物医药研发领域普遍采用大药企委托科学家团队及公司研发的模式，大药企通过投入研发资金，按照营业收入的 2% ～ 5% 支付技术成果费。

（3）工厂制造活动外包：以往很多企业斥资购地建厂房、添置设备和运营，这些活动增加了企业的融资压力，耗尽了企业的融资能力，甚至被迫高负债。现在很多企业对这部分活动采用租赁的方式，在一定程度上减轻了融资压力。

不少民企采用重资产模式扩张，由于不具备持续融资能力，资金缺口难以填补，最终陷入财务危机，甚至破产重组。

现在不少企业希望能轻资产运营，如何化重为轻、举重若轻、去重返轻呢？这需要分拆企业经营活动及其资产构成，根据比较优势，通过合理的收益分配，把重资产活动的资产投资责任分配给有融资能力和意愿的利益相关者。

模式一：减少企业自己承担的经营活动及投资责任，即自己投资部分制造活动，外包某些活动。

例如，某煤化工企业拟投资百亿元建设煤化工产业园。如果完全由该企业投资所有设备，将耗尽抵质押、信用资源，降低企业的财务灵活性。后来，该企业通过利益交换（让装置设备提供商参股煤化工产业园），把其中一个 30 亿元装置的投资任务交由境外设备厂家承担，自己仅支付加工费。

模式二：分解企业自己承担工厂经营活动的资产构成，把其中重资产的投资责任分配给利益相关者。

这种模式可让地方政府投资土地和厂房（未来回购），由设备厂家投资设备。

例如，企业在工厂投建环节不出资或少出资，利用自己对地方政府的产值、税收贡献这一资源，由政府的投资平台出资购买土地、代建厂房，然后自己再低价租赁，以产值、税收达到一定指标来交换。

一些民企采用租赁方式销售，虽然降低了客户一次性购买的门槛，但货款回收慢，会出现现金流缺口。民企可以与租赁公司合作，或者与融资能力强的国企合作成立由国企控股的合资公司，发挥国企信用等级高的优势，取长补短，共同发展。

企业的资金需求具体体现在某一个或某一组经营活动上，比如研发、物流、制造、销售等经营活动。从商业模式的角度来看，民企可以将资金需求量大的经营活动分离出来，将其融资活动转移给抵质押资产和信用等级高的主体，包括国企、行业龙头民企和外企。

民企和其他主体可以成立合资公司，由信用等级高的企业控股，由合资公司负债。这样可以有效解决产品具有竞争优势的中小企业投资能力不足的问题，同时降低甚至消除企业规模化扩张的财务危机风险，有效隔离业务间的财务危机风险传染。

随着企业专业化水平越来越高，设备运维、节能、信用评估、风险管理、尽职调查等服务型运维活动外包日益活跃。

实践：关于外包、众包、替代等活动的案例

外包活动：汉字扫描识别软件公司突破收入增长瓶颈

商业模式案例

A公司开发出汉字扫描识别软件，当时考虑采用提供服务的模式，即只对客户提供文字扫描识别服务，而不出售有形产品或软件。客户主要定位为报社和杂志社，该软件可以帮助它们把以前的纸质资料录入电脑，不需要再靠人工费时费力地输入。

两年后，A公司的人员规模扩大，员工超过50人，而业务量却不到600万元/年。A公司想发展，就需要增加人员。如果A公司考虑拓展全国市场，则需要大量资金来租赁营业场所和装修门面，还要购置大量电脑。巨大的投入以及计算机技术日新月异的事实让A公司犹豫不决。

A公司的解决方案：把产品涉及的经营活动分解，将软件涉及的经营活动分解为扫描和汉化两个活动，然后外包扫描录入活动。

因为扫描录入活动（业务）需要大量人力，A公司将这个活动交给那些待业在家、有电脑的人员，使之成为弹性工作制员工。这些员工完成录入后，将电子文档交给A公司，再由A公司通过识别软件进行格式转换。这项工作只需两个人就能完成，一人操作软件，一人负责业务管理和考核。最终，A公司不仅解决了人员规模扩大与业务量增长缓慢的矛盾，还整合了社会人力和物力资源，降低了人力资源成本。

下面来看一个相似的案例。

商业模式案例

某机器人公司的经营活动包括研发＋机械手本体制造＋终端应用服务集成。公司通过销售代理出售产品给客户。

公司面临的问题是：终端应用分散，场景和需求多样化，售后人员需要掌握不同的技能；终端应用服务不专业，成本高。

经营活动优化方案：公司专注研发生产机械手本体，应用服务商则根据客户需求设计具体方案——设计装配后端手爪、调试手臂运行轨迹和相应点线上的运行时间，以及提供售后服务。

众包活动：宝洁的众包研发模式

技术型企业大多需要持续提高研发投入，才能获得、保持和增强竞争优势。公司投入了研发经费，购买了设备，雇用了研发人员，却可能出不了成果，或者面临快出成果了，研发人员辞职等问题，影响了后续的工作。

如何降低研发活动成本，同时又能提高研发效率呢？

商业模式案例

2000 年，宝洁公司的新 CEO 雷富礼上任。他通过内部调查发现，公司投入了巨额研发资金，但只有10%的专利用在了企业产品上；公司的研发问题不能得到及时有效的解决。雷富礼就大刀阔斧整顿研发部门，提出开放式创新，创立了创意集市联发（Connect & Develop）网。宝洁在该网站发布问题需求信息，全球研发人员都可以提交方案，并能在 8 周内收到回复。

网站上线一年半就收到了来自世界各地的 3700 多个创新方案。从 2004 年到 2008 年，宝洁研发投入占销售额的比例从3.1% 下降到 2.6%。雷富礼预计，到 2010 年，宝洁将引入 50%以上的外部创新——结果 2006 年就实现了！该网站还出售宝洁的专利，从中获利不菲。

替代活动：通过经营活动的替代节约成本

商业模式案例

B 公司的主打产品是智能防盗电子系统，主要用来替代传统的防盗网和防盗门，产品的技术含量和附加值很高。B 公司采取自营直销的销售方式，通过大量宣传推广来开拓市场。产品需要安装调试，B 公司还为此培养了一支专业安装服务队伍。

B公司创始人感叹道：市场很大，自己却驾驭不了。他面临的问题主要是销售和安装队伍的扩张无法跟上市场发展的需要，公司资金越来越紧张，越发展则压力越大。

B公司产品都需要专业安装人员来安装调试，但售价一般只有三五百元。粗略计算一下，如果B公司年营业收入想突破1亿元，根据工作量倒推，需要700~1000名安装人员，还要配置约50名管理人员。一旦人员流动率高，招聘与培训成本也是一笔巨大开支。

B公司的解决方案是进行活动替代——取消安装服务。B公司编制了一本傻瓜式的《安装使用说明书》，通过提供程序化、标准化的安装和调试操作规范，替代了专业的安装人员。

像B公司这样的技术型公司，高技术含量才是其核心竞争力，而不是服务。因为消费者在意的不是安装时好的服务态度，而是安装后的防盗效果。人们通常认为中小企业快速发展时出现问题是因为管理跟不上，很少从商业模式的角度来审视问题和提出解决方案。

化竞争为合作：将某些经营活动交给竞争对手

人们通常认为"同行是冤家"。实际上，即便是同行或者竞争对手，我们也是可以与之进行交易的。因为身处同一行业的企业在经营活动中的资源能力禀赋各有优劣势，有差异就可能产生交易，而且差异越大，在经营活动上达成交易的可能性也越大。企业可以通过对同行企业经营活动资源能力优劣势的差异分析，重新分配自己的经营活动，把一部分经营活动交给竞争对手，或者承担竞争对手的一部分经营活动。化竞争对手为合作伙伴，是商业模式设计中比较高的境界。

商业模式案例

绿城集团在房地产开发、物业管理及服务经营活动中的优劣势：绿城集团设计和开发的房子，口碑和保值性好。在住建部住宅开发与管理的 10 项指标评比中，绿城集团有 8 项指标排第一，这是其重要的优势资源能力。

绿城集团决定通过代建模式，发挥自己在房地产开发经营活动中的资源能力优势，与各地政府或开发商、投资人在经营活动环节进行赋能合作，实现合作共赢。

2010 年 9 月 25 日，绿城房地产建设管理有限公司成立，标志着国内首家轻资产模式的房地产开发管理型公司诞生。2015 年 9 月 23 日，绿城房地产建设管理集团正式挂牌，成为绿城对外实施品牌输出和管理输出的主体，也是绿城轻资产模式从平台化向集团化发展的里程碑。

1. 政府代建模式

政府机构委托房地产开发商负责项目部分前期、设计、工程、成本、交付等方面的管理，实现合同约定的质量、进度、投资预算控制等目标。

绿城房地产建设管理有限公司主要与政府安置房、人才房、经济适用房、公租房、旧改房、棚户区改造等保障性住房及公共服务设施，以及科技产业园、城市综合体、城市广场、医院、学校等政府投资的项目对接，承担其项目建设管理任务。

2. 商业代建模式

绿城集团与土地已经确权的房地产开发商进行项目对接，由委托方提供开发土地并承担全部或主要开发资金，绿城集团则向项目输出品牌，派驻专业团队，提供房地产开发的全过程管理，以提升产品的市场价值，实现合作共赢。图 3-6 为绿城集团的商业代建模式。

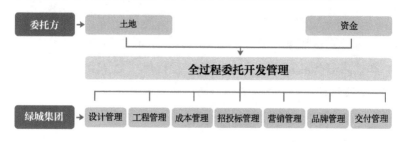

图 3-6　绿城集团的商业代建模式

绿城房地产建设管理有限公司通过专业化的运作及强大的品牌力，使项目的溢价一般高于委托方自营的 20% ～ 30%，老客户重复购买和推荐购买超过成交客户总数的 50%。同时，绿城集团品牌强大的影响力也提升了代建项目的保值增值能力，其二手房均价一般比同地段同类小区高出 10% ～ 30%。

3. 资本代建模式

这种模式是指由绿城房地产建设管理有限公司为有房地产投资需求的金融机构提供从项目研判、取得土地至房产开发的全过程服务，如图 3-7 所示。这使金融机构得以安全、高效地获取投资收益。

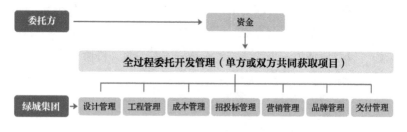

图 3-7　绿城管理公司的资本代建模式

资本代建模式可以让绿城集团的设计、建造管理、社区服务等经营活动环节的优势资源能力在与获得土地资源方面有优势的机构合作时发挥作用，产生收益，而不用依赖绿城集团去取得土地。

2020 年 7 月 10 日，绿城管理控股有限公司在中国香港联交所主板上市，成为中国代建第一股。绿城管理控股有限公司拥有代建项目超过 500 个，分布于 28 个省、自治区、直辖市的 90 多座城市。

下面来看一个科研团队如何通过商业模式设计，将某些经营活动交给竞争对手，减少自己的投资和经营活动，让产品更好、更快地推向市场。

商业模式案例

有个科研团队研发出一种高效生态复合肥，可以把肥料的养分利用率从现有产品的不足 30% 提高到 65%；可以显著降低施肥次数和化肥使用量，从而降低成本；可以缩短农产品的生长周期，提高产量，改善口感。

这么好的一款新产品该如何推广呢？

按照常规思路，该科研团队首先要投资建厂，再找批发商、零售商等，利用他们的销售渠道去扩大销售。但是，建这样一个工厂至少需要投入 1000 万元，还需要流动资金 600 万元。对缺钱的初创公司来说，这需要它们去找投资人融资。可是，初创公司还没有销售收入，企业估值就不会太高，即使获得投资，创始人的股份可能也会被稀释很多。此外，新公司的新产品要与数百家同行企业竞争，除了要斥资建工厂外，还要花不少营销费，且很难在短期内获得客户认可，未来预期收入也不确定，这也会让投资人感到风险大而不愿意投资。

有没有更好的办法呢？我们来看这个科研团队的做法。

商业模式案例

该科研团队详细分析了复合肥产业的状况：现有复合肥企业的产品原理不够先进，产品同质化严重，导致企业间大打价格战，毛利率下降到 5%，且有可能继续下降。

同行企业常规的扩张模式是买地、建厂房、买设备、建营销渠道，造成资产重、人员多、负债多，现金流压力大。越是大企业，负担越重，经营压力越大，财务危机风险越高，生产能力、融资能力越处于低效状态。

该科研团队进一步发现，在现有复合肥的生产原料中，最贵的氮、磷、钾元素的总含量占 55% 以上。如果在他们的配方中加入现有复合肥，新产品中这 3 种重要元素的含量可以降到 23%，这样可以大大降低复合肥的生产成本，毛利率可提高到 25%。

于是，该科研团队决定退一步，不直接投资工厂去生产产品，而是把产品涉及的活动分拆为配方和生产两个活动。他们找到当地影响力比较大的复合肥企业，与之签订合作协议。首先，他们把自己的产品品牌与当地复合肥企业的品牌结合，让客户觉得他们的产品是当地知名复合肥企业开发的新产品，从而大大节省了品牌推广费。同时，他们提供高效生态复合肥的配方给当地企业，让它们代工生产，这样就可以利用它们的生产能力和融资能力，节约投资工厂的成本和生产成本。最后，他们委托当地的复合肥企业销售，利用它们的营销渠道，节约销售成本。

为什么当地的复合肥企业愿意跟他们合作呢？因为他们把赚到的75%的利润分给合作方，合作方也因此获得生机，其资源能力得以充分利用。

企业通过分拆经营活动及其资源能力需求，找到与同行在哪些经营活动上存在资源能力差异和互补之处，分析对方的痛点或者诉求，评估自己和同行的资源能力能给彼此带来什么商业价值，进而设计了让同行获得超过预期收益的利益分配方案，这样就可能把自己的生产、销售活动交给同行去完成，化竞争为合作。双方从利益对立者、冲突者转变为利益相关者，就可以利用对方的品牌影响力、生产能力、融资能力和市场渠道，无须自己再投资。

越来越多的科技公司成立风险投资部（CVC），投资与本领域相关的科技创业型企业。不过，企业风险投资部门的操盘手可能还未达到业内最高水平。此外，随着业务规模扩大，企业需要雇用更多专业人士，这会大大增加成本，且投资效果未必好。那么，有其他成本低、效果好的模式吗？我们来看看IBM CVC模式的创新。

商业模式案例

IBM CVC改变了投资模式，从全球上千家IT领域的独立风投机构中选出100家左右的著名机构，以LP（Limited Partner，有限合伙人）身份认购其基金。通过这些著名的IT风投机构，IBM可以节省搜寻和尽职调查的时间和成本，还可以建立IBM技术合作伙伴生态，快速整合新技术，创造更好的解决方案，从而捕获客户，扩大市场，增加收益。

科技创新企业可以利用IBM的品牌、市场渠道等，增强客户的信任，快速进入市场，提高估值，最终上市或者被并购。IBM 则可以获得科技创新企业上市后的股权溢价收益，还可以直接并购这些企业。IBM CVC 模式如图 3-8 所示。

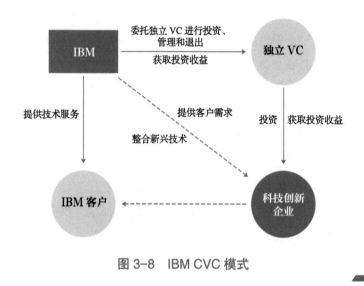

图 3-8　IBM CVC 模式

VC 投资管理涉及募资、投资、管理和退出四大环节，IBM CVC 则把投资、管理和退出三大环节交给 IT 领域高水平的独立 VC 机构去完成，提高了投资效率，降低了成本和风险。

第 **4** 章

交易要素优化:
资源能力越多,设计的空间越大

交易的本质就是资源能力的交换。涵盖的资源能力越丰富,商业模式提供的交易可能性就越多、交易的规模就越大。谁能识别更多的资源能力,并通过商业模式的设计,让这些资源能力发挥最大的价值,谁就将在商业领域处于更主导的地位。

全域识别：在全产业链中寻找资源能力

资源能力及其商业价值是交易的微观基础，企业就是资源能力掌握者的聚合体。

资源能力类型

第 2 章提到交易要素可以分为 4 类：产品、实物资产（土地、厂房、设备等）、经营资源和经营能力。上述要素还可以进一步细分，比如经营资源包括客户规模、流量、信用等级、数据、特许权、品牌、资本市场通道、销售渠道等内容。上述四要素也就是企业的四大资源能力，如图 4-1 所示。

图 4-1 企业的四大资源能力

 拓展思考

盘点你或你的企业资源能力。

资源能力状态

每个人、每家企业的资源能力禀赋状态不同。

资源能力可以进一步细分为优势资源能力、弱势资源能力、普通资源能力（业内普遍具有，既不是优势，也不是劣势。例如，公募基金牌照在业内是普通资源，一些资质在业内也是普通资源）、闲置资源能力、沉没的资源能力、缺乏的资源能力；按时间可以分为当前的资源能力和未来预期可获得的资源能力。

商业模式案例

以前我们从北京飞到上海，一落地，和航空公司的交易就结束了。我们返程时未必会选择同一家航空公司。后来，航空公司就把乘客已经完成的飞行里程这个资源拿来交易，推出了里程积分计划：乘客在同一家航空公司的飞行里程累积到一定量，就可以享受各种优惠，比如 VIP 室候机、优先升舱等。如果换一家航空公司，乘客的飞行里程又要重新累积，这样就增加了转移成本。所以，航空公司通过里程积分计划，可以增强客户黏性。

商业模式案例

华为 2019 年 4 月成立哈勃科技创业投资有限公司（简称哈勃投资），开展私募股权投资。截至 2023 年 7 月，哈勃投资的企业已有 11 家上市，获利丰厚。例如，哈勃投资以 1.1 亿元投资"碳化硅第一股"天岳先进，该公司于 2022 年 1 月 12 日在科创板上市，华为投资获利超过 20 倍！

显然，华为是众多科技企业的大客户，其订单资源是独立的财务投资人 VC 所不具备的。华为成立 VC 可以充分利用其产业资源，给科技创业型企业提供宝贵的订单背书，使产品有更多改善机会，提高企业成功率；华为也因此可以有效地繁育产业生态，增加投资收入，皆大欢喜。商业模式视角的竞争优劣势分析，不是分析企业自身初始状态的资源能力竞争优劣势，而是分析经过经营活动集合及利益相关者的交易结构优化后的资源能力状态和竞争优劣势。

资源能力识别的范围

资源能力的识别范围包括：（1）企业自身拥有的资源能力；（2）可利用的外部资源能力，包括供应商、经销商、客户、同行、金融机构、政府部门等产业链和生态圈中的经营主体。

例如，头部房地产开发商纷纷从事物业管理服务，它们通过物业管理服务，获得存量住户的全生命周期人群的需求。这是非常有价值的需求资源，可以据此衍生出医养结合的医院、便利店等多样化的业态。

因此，设计商业模式，需要拓展资源能力的识别类型和边界。

商业模式设计水平的高低，首先体现在资源能力的识别上。商业模式设计高手关注的资源能力范围更广、类型更多。

商业模式视角的资源能力有以下特点。

第一，不只是关注企业自身的资源能力，还包括产业链、商业生态中当前及潜在利益相关者的资源能力。

第二，不强调自身资源能力的优势、稀缺性、难以模仿，而会关注普通甚至闲置的资源能力；重视资源能力的交易性，即是否可以与当前及潜在利益相关者的资源能力形成互补增值效应。

例如，小米科技公司一方面寻求富士康、TCL 代工，以弥补自身制造能力的不足；另一方面，它把自己在产品需求端的设计方法论、供应链管理、社群、品牌等方面相较于创业者的优势资源能力（相较于格力、联想则并非其优势资源能力）赋能于创业型企业，帮助创业者提高创业成功率。

第三，不只关注主业竞争优势所需的资源能力，还关注主业经营过程中衍生出来的资源能力。衍生的资源能力可以增加企业的产品或业务板块，丰富企业为用户创造价值的角色，甚至成就企业的角色转型。

商业模式案例

海底捞在经营主业的过程中衍生出多项业务。它本来是一个常规的餐饮集团，却通过直营或特许加盟模式实现了规模扩张。它在餐饮主业的发展过程中，在店长和员工等人力资源管理、供应链管理、仓储物流等方面形成了优势资源能力。它就用这些优势资源能力服务于同行，即与同行交易，帮助它们提高效率、降低成本、增加收入。

第四，不只关注当前资源能力，也关注下一阶段预期可获得的资源能力（假设能成功）及商业价值。

第五，不只关注交易主体的单一资源能力，还关注其多样化的资源能力，进而产生多样化的交易可能性。

例如，众筹模式就是利用了客户的多种资源能力和多元化角色（产品使用者、投资者、营销员和产品测试者）。

深度挖掘：充分释放资源能力的价值

识别了资源能力，还需要进一步发现其商业价值，为创造交易机会提供基础。商业模式设计水平的高低，还体现在发现资源能力商业价值的能力上。凡是可以产生商业价值的资源能力，都在商业模式的关注范围内，都可能与之进行交易。

商业模式案例

一个美国老乞丐拿着一个纸杯坐在街边乞讨时，一位年轻女士好心给了他 10 美元。老乞丐对她表示感谢，问了她的姓名。女士告诉了老乞丐自己的名字，说她就在对面的房地产经纪行工作。

这位女士离开后，老乞丐发现纸杯里有一枚戒指，觉得应该是她在往纸杯里放钱时掉落的。老乞丐就追过去找她，想要归还戒指，但一连几天都没找到。老乞丐路过一个当铺时，问老板这枚戒指值多少钱。当铺老板说可以给他 4000 美元，并且当场拿出那些钱。老乞丐说不当了，继续寻找那位女士。最后，老乞丐终于找到她，把戒指还了。

这位女士很感动，没想到戒指能失而复得。同事说老乞丐这个拾金不昧的行为是一个很好的故事，可以借此开设一个捐赠网站。于是，他们在 eBay 开设了一个捐赠网站，把这个故事发到了网上。很快，世界各地陆续有人捐款，一共有191630 美元。这位女士就把这笔捐款交给老乞丐，老乞丐很感动，从此再也不用露宿街头乞讨了。

老乞丐的拾金不昧就是一种资源，是由他在乞讨过程中的行为形成的，在失主同事的提醒和建议下，由失主执行后获益。

即使是普通资源能力、弱势资源能力、闲置资源能力，若能通过巧妙的交易设计产生价值，也是有效的资源能力。反之，即使是优势资源能力，若没有产生交易价值，也是无效的资源能力。也就是说，在商业模式设计中，要重点关注资源能力的商业价值，而非资源能力本身的优势。

交易主体拥有和控制的资源能力，既可以自己使用，也可以和别人交易。为什么要和别人交易呢？因为设计商业模式的基本原则是，为利益相关者创造超过其机会成本的价值。创造价值的 3 个途径是：提高收益、降低成本、减少风险，如图 4-2 所示。简单来说，就是要让别人多挣、省钱、少忧。

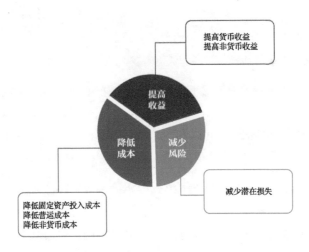

图 4-2　创造价值的 3 个途径

只有你给别人提供的价值超过他的机会成本，即产生了交易增值，才有可能吸引他投入资源能力与你交易。

商业模式分析资源能力的目的不是竞争，而是寻找资源能力禀赋的差异和交易（合作）增值机会，提高资源能力的利用效率，实现各自收益的最大化。

商业模式案例

美国某牙医学院希望聘请外部知名牙医来免费给学生授课，以弥补本院实践师资的不足。你可能很快会想到给这些知名牙医一个"特聘教授"的头衔就对他们有足够的吸引力，但这个常规的资源交换做法这次并不好使。

怎么办？学校需要拿新的资源去和知名牙医交易。例如，许可他们免费使用学校的实验室做研究，因为牙医不可能天天给人看病，也需要做一些研究。但牙医很难自己投资昂贵的实验室，而这正是学校的闲置资源。

企业要定期列出资源能力清单，盘点资源能力，包括自身控制的资源能力和可利用的资源能力，然后挖掘这些资源能力的商业价值，为商业模式优化、升级甚至重构做准备。

实践：小米等企业围绕交易要素的设计

我们常说一些人很会做生意，有经商头脑。他们除了善于发现市场需求机会外，更重要的是善于发现资源能力及其商业价值，善于设计利益相关者的交易结构并达成交易。

赋能交易模式：小米智能生态链业务模式

商业模式案例

小米在 2013 年年底智能手机销售额超过 300 亿元时，就把它在产品设计、供应链管理、用户规模、用户数据、电商平台等方面的资源能力赋能创业型企业，助力它们快速成长，自己也从中获利。

例如，小米生态链企业石头科技于 2020 年 2 月 21 日正式登陆科创板，开盘首日总市值涨至 333.42 亿元。在石头科技上市当天，小米通过天津金米投资合伙企业（有限合伙）持有其 8.89% 的股份，另一家关联公司顺为资本也持有其 9.64% 的股份。也就是说，"小米系"总持股 18.53%。如果按照石头科技开盘首日的总市值进行核算，"小米系"持有的股份价值约为 61.78 亿元。

小米成立于 2010 年，从智能手机这个单品切入，利用互联网平台进行销售，实现了快速成长。当时不少人不认可小米，认为它缺乏核心技术，只是一个互联网中低端手机直销公司，是个投资者。

小米能够持续快速发展的秘密武器在于 3 个商业方法论：一是商机洞察方法论，小米总能在红海领域发现蓝海；二是产品定义和开发方法论，小米善于从用户体验角度定义和开发产品，坚持产品的高颜值、高性价比；三是商业模式方法论，小米善于进行资源能力交易。

很多产业发展到现在，涉及的很多环节都有了头部优秀企业，它们积累了存量优势资源能力，如果能够善加利用，企业可以大大减少自我积累的时间、精力和成本，缩短获得竞争优势所需时间。因此，在智能手机、空调等主导产品领域，小米善于利用外部优势资源能力，采用效率更高的商业模式：与富士康、TCL 等拥有高质量制造能力的企业合作，采取委托代工模式（OEM）；在营销方面，采用互联网社群粉丝营销模式。

小米还能利用主导产品在经营过程中形成的资源能力赋能外部创业公司，助力创业公司减少经营活动并缩短资源能力积累时间，使其提高创业成功率，快速发展。这种商业模式的成功案例包括小米智能硬件生态链业务、小米有品和小米金融。

下面重点介绍小米智能硬件生态链业务的赋能交易模式[①]。赋能交易模式的核心，就是将自己积累的多项资源能力输出给资源能力比较少的企业，形成优势互补，产生增量交易价值。

一般情况下，企业想获得新的增长机会，实现持续经营和价值增长，主要有以下两种做法。

第一种做法是内部培育，包括从外部招兵买马，自己研发产品。

很多大企业看到行业内有些小企业在某些领域做得不错，就想组建团队涉足这些领域，取而代之。这种做法的问题在于内部员工的能力未必很强，投入的隐形成本比较高，能否取得成果也不确定。如果从外部招兵买马，则成本和风险会控制得更好。

企业进行内部研发时，会面临以下两个风险。

一是投入大量资金，但没有研发出企业所需技术和产品。

二是快出成果了，关键人员却离职了。

这种高投入、高风险的做法显然对企业发展是不利的。如果企业的规模较小，资金又比较紧张，这条路基本上走不通。

---

① 本案例由谭智佳撰写初稿。

第二种做法是兼并收购，包括收购股权或资产。

兼并收购的做法更为常见，因为这样可以合并目标公司的收入、利润，掌握目标公司的资源能力。这种做法的问题在于花钱比较多，尽职调查难，陷阱多，整合难，成功率低。

比如，很多小企业被并购后，与并购方在企业文化、管理规范等方面产生排异现象，一旦核心技术团队离开，则基本上宣告并购失败。

分众传媒创始人江南春说过，他不太喜欢买资源能力是以人力资源为主的企业，因为这些企业的核心资源在人身上，而人是流动的，有时刚把企业买过来，人就跑了，最终人财两空。所以，兼并收购对企业发展来说也不算是理想的做法。

小米智能硬件生态链业务避开了这两种常规做法，另辟蹊径。它将投资目标确定为处于初创期、产品技术好的企业或团队，采用"孵化加速＋非控股投资"的赋能交易模式。

小米早在 2012 年就制定了"硬件引流、软件开放、服务盈利"的经营策略。小米智能硬件产品生态布局方向如图 4-3 所示。2013年年底，小米成立了智能硬件生态链事业部，希望把智能手机作为流量入口，引入更多智能硬件产品，扩大产品线，包括路由器、智能电视、净水器、电饭煲、扫地机器人、音响、闹钟、智能门锁等。小米智能硬件生态链的扩张之路如图 4-4 所示。

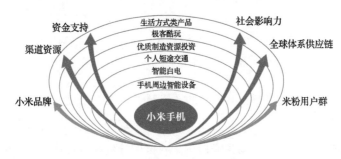

图 4-3　小米智能硬件产品生态布局方向

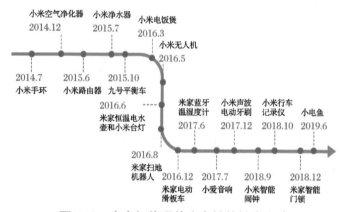

图 4-4　小米智能硬件生态链的扩张之路

2015 年，小米智能硬件生态链企业卖出约 5000 万件多样化的智能产品，实现销售收入 55 亿元，比 2014 年增长了 230%；2016 年销售额超过 150 亿元，比 2015 年增长 173%；2017 年销售收入达到 200 亿元。小米生态链模式如图 4-5 所示。

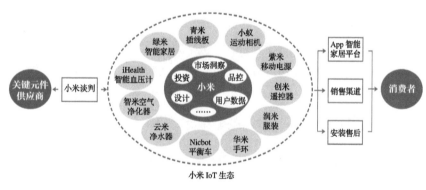

图 4-5　小米生态链模式

小米的赋能交易模式就像竹子一样，一夜春雨过后就迅速长成一片竹林。小米作为一根竹子，虽然生长速度很快，但对风险的抵御能力也是有限的，而生态链中新业务的迭代就像竹林一样，可以形成更大的规模效应，提升小米的风险抵御能力。

按照商业模式思维，我们来深度解析小米赋能交易模式的机理及创新之处。

· 识别资源能力

我们首先来看小米拥有什么资源能力，缺乏或需要什么资源能力。

小米创始人团队不是普通的大学生创业者，而是在科技公司负责过技术、产品、运营等方面工作的高管，资源能力丰富，具体见表 4-1。

表 4-1　小米创始人团队的资源能力表

创始人	从业经验	在小米负责的业务领域
雷军	引导金山上市和卓越出售；先后担任金山软件、欢聚时代、猎豹移动、迅雷、顺为基金等公司董事；作为投资人投资凡客、UC 优视、多看阅读等，具有丰富的投资和识人经验以及相关领域的企业关系	董事长兼 CEO，引导商业模式设计，引入其他 6 位联合创始人
林斌	原微软亚洲工程院工程总监及高级开发经理、谷歌中国研究院副院长及全球技术总监，曾参与 Windows Vista 等产品的研发工作，提供包括语音合成、人脸识别等方面的技术支持，负责谷歌地图、音乐搜索等项目	负责重要合作伙伴、供应链、公司国际业务、人事和法务
洪峰	原谷歌中国高级工程师、高级产品经理、谷歌音乐负责人及 3D 街景地图创始人，负责谷歌垂直搜索产品、音乐搜索产品、谷歌中文输入法等项目	MIUI 负责人，小米机器人之父
黄江吉	原微软中国工程院开发总监、首席工程师，负责微软商务服务器高性能数据分析系统、自动物流分布系统、Windows 手机多媒体浏览器即时通信等项目的研发	负责米聊、路由器和云服务业务

创始人	从业经验	在小米负责的业务领域
黎万强	原金山软件人机交互设计部首席设计师、金山软件设计中心设计总监、互联网内容总监、金山词霸总经理，国内最早从事人机 UI 设计的专业人员之一	成功领导初创期线上营销，负责小米网（市场部门、电子商务、售后服务体系）、MIUI 交互界面设计等
周光平	摩托罗拉畅销机型"明"的硬件研发负责人、原摩托罗拉亚太手机质量委员会副主席、摩托罗拉北京 R&D 研发中心创办人及高级总监、摩托罗拉硬件部总监	硬件及 BSP（板级支持包）团队
刘德	毕业于美国艺术中心设计学院，工业设计师、北京科技大学工业设计系创始人兼主任、北京 New Edge 设计有限公司创始人	IT 设计、外观设计，生态链智能硬件负责人

此外，小米从 2010 年创立到 2012 年开始构建生态链模式，积累和形成了企业层次的多种资源能力，具体见表 4-2。

表 4-2　小米企业层次的核心资源能力表

分类	资源能力	描述	生态链创业型企业的痛点及需求
产品	优质元件	小米拥有创始人带来的、通过小米手机固化在企业资源里的、与品牌供应商坚实的合作关系	由于体量小、信用等级低等因素，难以获得品牌优质元件
生产要素	人才库	小米拥有制造全价值链的专业人才，且各领域专家善于筛选人才	部分环节直接利用小米团队或通过小米团队获得人才，减少搜索成本
	硬件品质控制经验	小米在手机等精密硬件领域的品质控制经验	初创企业品控能力差，导致产品上市前因等待时间长错过风口，且在与代工厂等合作方的谈判中缺乏经验，可能影响产品效果和质量

分类	资源能力	描述	生态链创业型企业 的痛点及需求
生产 要素	供应链 管理	小米拥有创始人带来的、通过小米手机固化在企业资源里的全球供应链体系	前期梳理供应链成本巨大，可利用小米的供应链进行采购、管理和销售
	销售渠道	有小米网等线上销售渠道，有打造爆品经验的营销团队，有线下实体店	缺乏有效的销售、分销网络，可大量减少早期投入和减小融资需求
经营 要素	市场数据	来自终端用户的大量统计数据，小米通过这些数据能发现用户偏好	生态链企业难以洞察用户需求，而小米能给其提供消费者喜爱的外观设计、痛点功能等信息，从而提高其产品的质量和成功率，提高收益
	服务体系	小米已开发MIUI体系、智能家居App平台、云服务账号及强大的配送安装和售后服务体系等，客户体验良好	缺乏优质服务能力，利用小米的资源可大量减少早期投入和融资需求
	用户群	手机积累了约2亿以17～35岁理工男为主的"米粉"，且正向女性和高龄人士扩张	缺乏品牌认可度，利用小米的资源可大量减少早期投入和融资需求
经营 能力	市场洞察 与产品定 义能力	基于大数据和经验，善于发现精准匹配用户需求的产品	难以直击用户需求，成功率低，而小米可帮其优化产品定位，降低因方向错误导致的时间成本、省略设备的无用功能等，从而降低成本和风险
经营 能力	品牌声誉	小米品牌已形成口碑	想达到同等爆品销量，依托小米品牌可提高销售价格和利润

分类	资源能力	描述	生态链创业型企业的痛点及需求
经营能力	大公司谈判地位与信用背书	小米在价格谈判中有更大的话语权，可对生态链企业的关键或大量元器件进行集采	信息匮乏，难以筛选出最合适的元器件供应商，且缺乏谈判力，而小米可以提供信息、信用背书以及与谈判相关的资源
投融资关系	投资能力	小米与顺为基金及外部VC机构存在紧密合作关系	往往存在资金缺口，抗风险能力弱，而小米能帮助其回笼资金，还可参与股权投资，解决其融资难题，支持其加快产品的迭代升级
	引流目标	小米布局智能硬件主要以引流为目的，而非追求投资盈利	小米不控股

小米虽然积累了很多资源能力，但它也欠缺一些资源能力，特别是产品、核心技术、设计研发能力、优秀创业团队资源等。小米缺乏的资源能力在哪里能找到呢？谁最需要小米的资源能力？谁能与小米优势互补？接下来，小米要做的就是寻找合适的交易主体。

· 择优交易主体

小米欠缺的产品、核心技术等资源能力在谁手里？主要是在那些从大型制造业企业出来的创业型企业或创业团队手里，比如从格力、美的、华为等企业出来的创业型企业或创业团队。

这些创业型企业或创业团队则存在以下两大痛点。

一是品牌影响力较小，原材料采购量小，导致难以找到优质的供应商，原材料采购价格高。

二是产品销售价格比较高，导致销售量小，企业获利少，发展速度慢。

这些创业型企业或创业团队需要的资源能力，恰恰是小米所具备的；而小米欠缺的产品、核心技术等资源能力，则是这些创业型企业或创业团队所具备的。双方的资源能力正好互补，就可以产生多种交易。图 4-6 所示为小米与智能硬件创业型企业的资源能力匹配。

图 4-6　小米与智能硬件创业型企业的资源能力匹配

当然，小米筛选这些交易主体即创业型企业或创业团队时，是有一定标准的。

第一，产品的市场空间足够大，有很好的发展潜力。

第二，产品的痛点和不足比较明显，包括性价比不高、质量差、严重缺乏公信力等。

第三，有耗材或可迭代，可以丰富产品种类。

第四，目标用户与小米用户群契合，可享受小米的用户红利。

第五，价值观一致，不急功近利。

第六，团队足够强大，能在未来崭露头角。

下面进一步分析小米和符合入选标准的创业型企业或创业团队之间潜在的交易价值。

对小米的价值：小米把投入大量时间、精力和资金所积累的产品设计、供应链管理、品控、营销渠道、用户群、品牌等方面的经营性资源能力提供给创业型企业或创业团队，这是商业生态系统主导者繁育与稳定生态的必要条件。同时，这也为小米把这些成本转化为收益奠定基础，并避免了自身培育智能硬件新机会的不确定性风险和沉没成本的产生。

对创业型企业或创业团队的价值：创业型企业或创业团队通过交易自身的核心技术，共享小米积累的关键经营性资源能力，节省品牌打造、用户获取、供应链管理等方面的时间和精力，还可以减少资金投入，降低经营成本，提高创业成功率。

·设计交易方式

经过筛选后，符合入选标准的创业型企业或创业团队就会进入小米的智能硬件生态链里，小米会给它们提供孵化加速平台的资源能力。二者的主要交易方式如图4-7所示：小米智能硬件生态链事业部通过专业智能部门和产品经理协调自身掌控的经营性资源能力，围绕创业型企业或创业团队"设计与研发—生产与制造—营销与销售—配套服务"的经营活动过程，进行业务与非控股投资交易。

对一部分创业型企业或创业团队，小米也会用非控股的方式进行投资。投资交易包括通过小米内部员工基金、小米生态链投资基金、顺为基金以及外部投资者，向生态链创业型企业或创业团队提供所需资金。

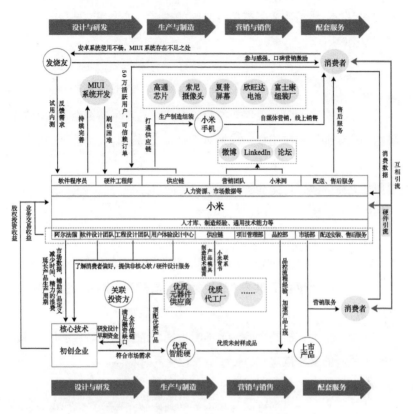

图 4-7 小米与生态链企业的交易方式

· 设计盈利模式

小米怎么通过生态链企业赚钱呢？其收益来源主要有 3 个。

一是业务收益，也就是销售产品的利润。小米给生态链企业提供品牌和电商销售渠道方面的资源能力，迅速提高产品销量，降低了销售成本。小米和生态链企业之间对销售利润按五五分成。

二是投资收益。小米对部分生态链企业进行非控股投资，等生态链企业 IPO 或被收购后，可以获得股权增值收益。

三是协同增长收益。智能硬件产品不断上线销售，有助于小米低成本引流，维持小米智能硬件品牌的热度，扩大用户群以及获得用户数据等。

·管控交易风险

这种交易模式也会出现一些风险。

对小米来说，因为采用非控股的方式，它对生态链企业的发展只能提建议而没有决定权，如果对方终止交易，自己则需承担股权投资风险。此外，小米为生态链企业的产品提供信用背书，如果出现产品品质问题，可能会给小米品牌造成损失。

那么，小米应如何管控风险呢？

首先，小米给生态链企业提供了多种特别需要的资源能力，给对方带来了显著收益。如果离开小米，生态链企业的损失会很大。

其次，小米建立了严格的品控标准，同时为一部分智能硬件生态产品打造新的米家品牌，让其与小米手机品牌分离。

随着小米生态链的发展，会不断出现新的交易风险，所以小米对交易风险的管控也是一个长期不断优化的过程。

小米在与生态链企业的赋能交易中扮演了多重角色——孵化器、投资商、电商渠道商、供应链管理者、品牌输出者等，通过降低生态链企业的成本、合理分配收益和风险管控，形成了良性的协同成长和商业生态价值增值效应，在促进生态链企业业务规模扩大和投资价值增长的同时，也实现了自身业务规模扩大与投资价值增长。小米智能硬件生态链繁育模式，提高了小米自身资源能力的杠杆度，最大化其资源能力的价值。

小米赋能交易模式对很多企业具有借鉴意义。

在小米上市之前，大家都非常关注它的估值问题。其实，关键是小米怎么介绍自己的增长机会来源和发展模式，让投资者能够看到它的投资价值。

企业价值构成可以简单地分为当前正在经营的业务价值 + 新的增长机会价值。

麦肯锡把企业业务构成分解为 3 个层次：当前业务 + 准备投资的业务 + 潜在业务。这些层次的业务价值加在一起就构成企业总价值。

因此，企业估值的高低取决于如何洞察企业的增长机会来源及其发展模式。

小米的招股说明书告知其当时的业务构成是智能手机业务、智能硬件业务和 IoT（物联网）业务。这些都是公开的业务，小米还会有其他业务吗？

对一个产品逐渐丰富的企业进行估值，就像在评估一片竹林的价值。大家都能看到的是已经长出来的竹子和竹笋，少数人还能估算出即将长出来的竹笋的数量。

对小米进行估值，除了要了解小米的招股说明书上公开的业务，还要考查小米的资源能力，特别是其核心团队的商业洞察力、经营理念、价值观和解决商业难题的能力，进而评估其未来能否产生新的业务增长机会。

这些问题的答案都可以从小米的赋能交易模式里找到。也就是说，小米的赋能交易模式具有多重价值。

首先，对创业者来说，可以减少积累资源能力所要消耗的时间、精力和投入资金，避免股权稀释，提高创业成功率，实现快速成长。

其次，对小米来说，可以减少研发投入，把成本变成收益，加快发展速度。

再次，对投资者来说，看懂企业的商业模式，有助于发现优秀企业。

最后，对社会来说，小米促进了人们生活品质的提升；大大提高了"双创"（大众创业、万众创新）的成功率；小米的"解题思路"和商业模式可供其他创业型企业及传统企业借鉴。小米赋能交易模式可以复制到其他行业、其他企业。各行业、各企业可以优势互补，协同成长，从而加快发展速度，并提高整个社会的资源配置效率。

赋能交易模式让小米迅速从一家智能手机企业转变为智能产品生态型企业。成为生态型企业对企业价值的提升体现在每个用户产生的网络外部性上，用户增加引发交互增加，进而持续不断地带来价值。可以说，赋能交易模式帮助小米在裂变经济的基础上实现了变革性的成长速度。

在未来，赋能交易模式会成为一种主流的商业模式。

 **拓展思考**

小米在产品设计、供应链管理、品牌等方面拥有的资源能力，格力、美的、联想等销售额过千亿的大企业早已具备，为什么它们没有采用赋能交易模式？如果它们也采用这种模式，会不会成长得更快呢？

挖掘闲置资源的商业价值

发现交易机会的过程，实际上就是识别资源能力及其商业价值的过程。识别出自己或利益相关者的资源能力，发现其商业价值后，下一步就可以设计交易结构来实现和分享商业价值。

商业模式设计强调的是如何巧妙利用已有的条件，即现有的资源能力，包括自身的资源能力、当前及潜在交易主体的资源能力，去创造价值。

下面以挖掘污水处理厂的资源能力为例。

商业模式案例

城市水环境综合治理日益受重视，这个领域的项目很多，模式也日趋多样化，包括 BOT 模式（基础设施特许权模式）、PPP 模式（政府和社会资本合作模式）等。不过，竞争也非常激烈，投资收益率越来越低，甚至低于银行贷款利率，指望从污水处理项目本身直接获得比较高的收益已经不现实了。

对污水处理厂来说，这种项目要是不做，以后就更没有机会了；要是做了，又会面临赔本赚吆喝的结果。

怎么办？解决投资收益率低的问题，无非是要开源增收、节流降本，企业可以在技术创新、管理优化和商业模式升级上下功夫。

从商业模式的角度来看，污水处理厂要识别拿下项目后有哪些资源能力可以运用，它们能产生什么新收益。污水处理厂可挖掘的资源能力如图 4-8 所示。

图 4-8　污水处理厂可挖掘的资源能力

例如，污水处理厂有不少空闲场地，能不能拿来建设分布式太阳能光伏电站呢？

污水处理厂还有什么资源能力可以产生价值并用来交易吗？

每"拿下"一座污水处理厂，就拥有其 20 ～ 25 年的特许经营权，每年都要增加膜化学品等污水处理耗材的采购量。污水处理耗材的供应商大多是中小型科技企业。大型污水处理厂一年的耗材采购量大，可能是中小型耗材供应商产能的一半。所以，大型污水处理厂处于强势谈判地位，往往能压款、压价，双方的交易是零和博弈。

其实，中小型耗材供应商希望有稳定的大订单。也就是说，大型污水处理厂的耗材大订单对中小型耗材供应商来说，是很有价值的资源，有助于中小型耗材供应商稳定生产，增加企业的投资价值，提升企业吸引风险投资的能力。

因此，大型污水处理厂可以据此改变交易方式，比如把订单折算为中小型耗材供应商的股份，以增加收益来源。

出让预期收益资源，解决资金困局

商业模式案例

有部电视剧叫《我叫王土地》，讲的是主人公王土地白手起家成为地商的传奇故事。

这个故事发生在清末民初的河套地区，王土地带着一村的人从河北逃荒到这里，但这里干旱得厉害。当地有个大地主贴出告示说，谁能找到水源，谁就可以获得土地的封赏。

王土地从小就有一种对土壤的灵敏嗅觉，这种能力可以帮他找到水源。经过不懈努力，他终于帮助大地主找到水源，获得大片干旱荒地的封赏。可是，如何把干旱荒地变为良田呢？

王土地想到了一个方案——从黄河引水灌溉。想到这个方案后，他很兴奋，很快就规划了引水的主干渠和支渠。但是，新问题又出现了：挖水渠需要雇大量渠工，要支付很多工钱、饭钱，还要购买大量挖掘工具。他一穷二白，根本负担不起这笔巨额开支。

如何解决这个问题呢？

王土地及其团队的核心成员通宵达旦讨论，仍然一筹莫展，天亮时一脸疲倦和愁容。他老婆说了一句"人人都想当地主"，这句话启发了他。他想到可以用引水后可灌溉的土地去和渠工做交易，不给渠工工钱，他们要自带干粮和工具，然后根据干活的数量和质量，完工后可以获得相应数量的土地。

通过这种低成本的交易方式，王土地最终没怎么花钱，就成功地完成了主干渠和支渠的挖掘，引来了黄河水，把干旱荒地变成了良田。王土地及其团队的核心成员成了大地商，当地不少参与挖掘工作的渠工也拥有了土地。王土地的资源识别和交易模式如图 4-9 所示。

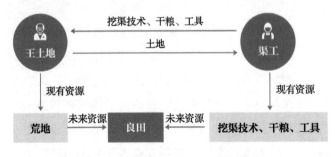

图 4-9　王土地的资源识别和交易模式

王土地通过向渠工出让自己的荒地资源——也是预期可灌溉的良田，同时识别出渠工的资源能力——挖渠技术、干粮和工具，用预期的良田分配承诺和渠工进行交易，换取渠工的挖渠技术、干粮和工具，最终实现自己花很少的钱却能获得可观良田、成为大地商的愿望。

很多时候，交易失败一方面是因为企业没有形成有价值的资源能力，另一方面是企业没有发现这类资源能力的交易价值，没能找到好的交易方式。

发现未来预期可得的资源能力及其商业价值

企业家和创业者在企业发展过程中，还要善于预测下一个发展阶段可能产生的新的资源能力及其商业价值。如果这类新的资源能力可以产生更大的价值，现在的产品就可以降低价格甚至免费。

例如，如果餐饮加盟店的数量达到数百家，会带来一类新的重要资源——消费量。这个消费量可能是一家中小型土豆供应商或牛肉供应商全年的产量。这样，餐饮加盟店对上游供应商的谈判能力就显著增强了，可以低价购买甚至买断原材料，大幅降低成本。

为了尽快获得消费量资源，餐饮加盟店可以降低加盟费和专用设备价格，以提高加盟店经营的成功率，从而增加加盟店的数量。消费量为餐饮加盟店带来的商业价值如图4-10所示。

如果餐饮加盟店没有发现这类未来的消费量资源及其商业价值，还是靠高额的加盟费和专用设备价格来赚钱，尽管短期内赚了钱，但大多数加盟店会很难赚钱，开不下去了，扩张也就难以为继。

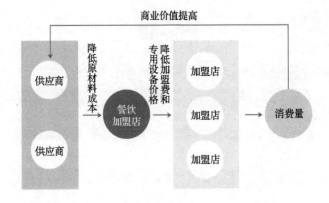

图 4-10　消费量为餐饮加盟店带来的商业价值

如果企业预期能不断获得新的资源能力，能从中获得更多的收益，就可以采取低价策略，把当前的收益看得"比鸿毛还轻"。如果同行把当前的收益看得"比泰山还重"，采取低价策略的企业就更容易在竞争中站稳脚跟。

现在很多互联网企业、独角兽公司，前期都愿意亏损，就是为了获取后续更多更有商业价值的资源，裂变出更多业态，获得更多收益来源。比如阿里巴巴，它的经营规模大了以后，就裂变出蚂蚁集团、天弘基金等新业态，开拓了新的收益来源。

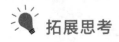 拓展思考

盘点你自己或你的企业有什么资源能力和商业价值。

第 5 章

交易主体和交易方式优化：
找合适的交易主体，选合适的交易方式

在商业这张大网中，每个参与方都构成了一个节点，而商业模式正是构建在这些节点之上。找到关键的交易主体，并建立高效的连接方式，企业就能找到到达目的地的最短路径。

匹配：找对交易主体，问题就解决了一半

企业优化了经营活动，多维度识别了资源能力，发现了这些资源能力的商业价值，或者发现了自身缺乏的资源能力，接下来就需要择优交易主体来完成经营活动。这个过程需要思考企业自身缺乏的资源能力可以从何处获得，或者企业发现的资源能力的商业价值可以向谁输出。不同经营主体的资源能力禀赋不同，交易价值的体现有差异，从经营活动中能够获取的收益也不同。经营主体找对了交易主体，就可以获得更多或者更高质量的资源能力，问题也就解决了一半。

在电影《碟中谍5：神秘国度》中，汤姆·克鲁斯扮演的主角伊森·亨特在维也纳的剧院里发现了A、B两个枪手，他们躲在剧院的不同暗处，同时瞄准了正在包厢欣赏歌剧的目标C，正准备射击。如果你是伊森·亨特，会如何救助C？

这个问题实际上就是要选择与谁交易，即向谁开枪。如果向A或B开枪，都救不了C。伊森·亨特选择直接向包厢内的C开枪——当然，他会故意打偏，目的是要惊动C，让他逃离包厢。

2018年1月17日，在悉尼市中心的乔治街头，著名小提琴家约书亚·贝尔衣着随意，用价值350万美元的小提琴演奏着当代最复杂的音乐作品之一，匆匆的行人偶尔会停下来聆听，放下几枚硬币。而在前一天，他在悉尼歌剧院的演奏会一票难求，平均票价250澳元（约合人民币1152.60元）。

由此可见，如果交易场景没有选对，面对的交易主体就不匹配。这样的经营活动可能既不叫好，也不叫座；或者虽然叫好，但不叫座，只能赔本赚吆喝。

交易主体和交易方式优化：找合适的交易主体，选合适的交易方式

择优交易主体，是指要找到能给你输出的资源能力带来最大化收益的人，或者能够以合理的性价比帮你弥补资源能力不足的人。

择优交易主体要遵循以下 4 个原则，如图 5-1 所示。

一是按收益最大原则选择交易主体：可以为你带来更高的收入，或者可持续增长的收入，可以是直接收益，也可以是间接收益。

二是按成本最低原则选择交易主体：可以帮你降低成本。

三是按风险最小原则选择交易主体：能够帮你减少风险。

四是按性价比最高原则选择交易主体：最具性价比。

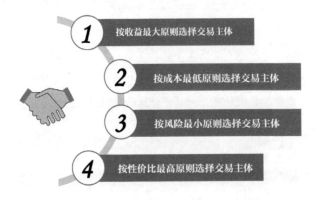

1　按收益最大原则选择交易主体

2　按成本最低原则选择交易主体

3　按风险最小原则选择交易主体

4　按性价比最高原则选择交易主体

图 5-1　择优交易主体的 4 个原则

按收益最大原则选择交易主体

人人都想找到最佳交易主体，以实现资源能力的收益最大化。例如，博士生导师希望找到研究兴趣浓厚、研究能力强且有望在该领域出类拔萃的学生，而博士生也希望找到好的导师，能够助自己在该领域尽快取得成绩。

商业模式案例

很多学生到欧美攻读博士学位，常规的做法是：上课，通过资格考试，跟着导师写论文，论文答辩通过后毕业，然后就业，要么去学校任教，要么去业界工作。

有一个学生到美国读工科时除了上课，还打听这个学校哪位教授最厉害，就是想知道谁有好的技术诀窍。后来，他打听到一位退休教授拥有多个技术诀窍，就想跟他学艺。

于是，这个学生刻苦钻研这位教授的技术，并做了充分的整理，提出自己的见解，形成一篇翔实的报告。

功夫不负有心人，这个学生终于打动了这位教授。教授与他一起研发出几个新材料配方，而后合作成立公司，把这些配方商业化，获得了巨大的商业利益。传统的读博模式与这个学生的新型读博模式的对比如图5-2所示。

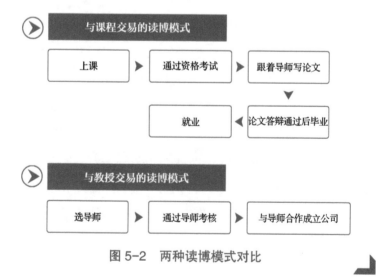

图 5-2　两种读博模式对比

我们再来看百年品牌谢馥春的故事。

商业模式案例

扬州品牌谢馥春是中国第一家化妆品企业，至今已有近两百年的历史，曾被商务部授予"中华老字号"称号。然而，这样一家百年老字号却一度歇业清算，原因有二。

一是谢馥春品牌老化、技术落后、创新不够，难以跟国际现代化妆品品牌对抗。

二是谢馥春的渠道问题和定价问题突出：如果降价面向低端市场，会与过去打造的品牌形象不符；如果保持高价，则渠道拉力不够，很难形成销售规模。

"中华老字号"谢馥春该如何打破发展困局呢？

其实，谢馥春的问题在于没有识别出自己的品牌资源对哪一类交易主体最有用。对一些现代商超、卖场来说，其顾客更多是追求时尚产品，如果谢馥春和它们交易，产品价格就会抬不上去。而且，这些场地的租金成本比较高，进场要价也比较高，品牌的收益相对就比较低。

但是，如果谢馥春换个思路，找一些有文化气息、历史气息的景区交易，结果就可能截然不同。

很多游客尤其是喜欢游览人文景观者，对那些有历史传承的老字号产品特别感兴趣，每到一个景区就想买些有文化气息的礼品回去赠送给亲友。谢馥春品牌历史悠久，制作的香粉盒外观像鸭蛋，包装精美，就很适合用来送礼。此外，很多景区缺乏一些老字号的装点，也希望通过引入老字号来提升品位。

于是，谢馥春与苏州周庄、厦门鼓浪屿、黄山屯溪等景区展开合作，在各景区内开设连锁专卖店，每家店都极力渲染百年老字号的氛围：店铺装修古香古色，古典的门匾上写着"谢馥春"3个大字；柜台整齐地摆着各种香囊、香粉盒等产品，香味在空气中弥漫；店员们穿着清代服饰，让人感觉回到一百多年前的市集。在这种氛围下，谢馥春各式古典化妆品的售价从原来的几十元涨到几百元，却深受游客的喜爱。谢馥春择优交易主体的模式如图 5-3 所示。

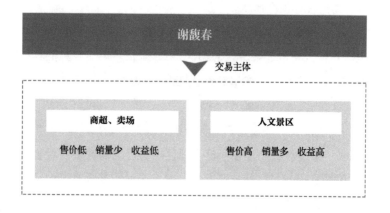

图 5-3　谢馥春择优交易主体的模式

由此可见，同样的资源能力对不同交易主体来说，产生的价值会不一样。"中华老字号"这个资源能力对现代商超、卖场来说价值不高，但对人文景区来说，却意味着更高的人文品位。谢馥春跟人文景区合作，能卖出更高的价格和更多的销量，而且不用支付进场费等，收益就大大提升了。

因此，企业在面对多个交易主体时，要盘点出谁可以为自己带来更高的收益。

交易主体和交易方式优化：找合适的交易主体，选合适的交易方式

商业模式案例 ①

冼冠生，著名品牌冠生园的创建者。他早期利用梅子性平敛肺、生津止渴、清凉润喉的药理特性，将其作为制作蜜饯的主料，开发出陈皮梅。可他没有资金去大张旗鼓地营销和规模化生产，也没有好的销售渠道，只能小规模生产后拿去戏园兜售，生产和销售效率都很低。

冼冠生应该找谁来提供资金用于宣传和规模化生产呢？

某日，名伶薛瑶卿唱哑了嗓子，台下有人递上来几粒陈皮梅。食用后，薛瑶卿的嗓子居然很快就恢复了！薛瑶卿随即将陈皮梅推荐给演武生的夏月珊和演花脸的夏月润。这3位京剧名角体验过陈皮梅的功效后，一起找到冼冠生，提议合伙经营陈皮梅生意，冼冠生自然求之不得。

冼冠生决定创办冠生园，薛瑶卿、夏月珊、夏月润及其邀请的上海明星电影公司老板郑正秋都参股了。冼冠生以生产技术出资，占1/3的股份，并出任总经理；薛瑶卿、夏月珊和夏月润为陈皮梅免费代言和宣传，帮冠生园打开了上海各大戏园的市场；郑正秋则通过自己的人脉资源，与上海滩大佬黄金荣等人接洽，帮冠生园打入黄金荣等人把持的上海各大娱乐场。

冼冠生陈皮梅生意的名角合伙人模式如图5-4所示。

---

① 本案例由范家琛撰写。

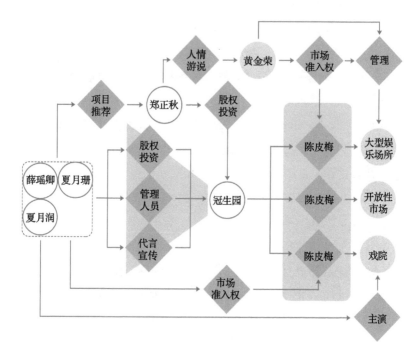

图 5-4 冼冠生陈皮梅生意的名角合伙人模式

冼冠生原本是一个小商贩，通过名角对其产品的体验，把名角客户转变为公司股东。按现在的说法，这些名角自带流量，拥有多种资源。冼冠生选对了交易主体，一石三鸟——获得了资金、名角免费代言和市场渠道，迅速提高了产品的知名度和销售量。

按成本最低原则选择交易主体

择优交易主体的第二个原则是按成本择优，即要找到能帮你最大化降低成本的交易主体。能降低成本的资源能力一般有两类，如图 5-5 所示。

第一类是利用率低的资源能力，包括闲置资源能力，比如家庭汽车，一些场馆、仓储式大卖场和仓储设施的屋顶，污水处理厂的空地，专业人士的空闲时间，数据资源等。

第二类是优势资源能力，指能显著减少你自己培育所需资源能力要花费的投资成本、运营成本、时间成本，能提高你的经营效率的资源能力，比如知名品牌、投资管理能力强的人或机构等。

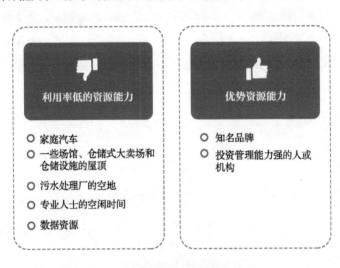

图 5-5　能降低成本的资源能力

你可以按这两个类型去看看周边拥有这些资源能力的人。如果你拥有利用率低的资源能力，可以去和需要这些资源能力的人做交易，以便从中获益。如果你有好的产品，需要某些关键资源，而自己投资成本高，则应该优先找到拥有这两类资源能力的人去交易。你可以低成本使用这些资源，对方也能从中获益。比如，提供分布式太阳能发电设备的企业可以找有大片屋顶资源的企业，合作安装设备发电出售，共获收益。

商业模式案例

现在很多地方兴起各种养老模式，比如养老院养老模式、疗养会所养老模式。由于子女外出工作，留守老人越来越多，平时没人照顾他们，也没人和他们交流，很容易产生孤独、忧郁等心理问题，这类家庭的常规做法就是把老人送到养老机构。养老机构虽然可以得到政府补贴，但投入的成本依然很高，需要投入较高的场地费、人力成本和运营成本。

上海有个公益组织叫新沪商联合会，就设计了一种新的模式——请那些退休不久的老人做义工，让他们来照顾平均年龄80多岁的高龄老人。新沪商联合会的公益养老模式如图5-6所示。他们找的退休老人和高龄老人住在同一个社区，陪聊、打扫卫生、陪同看病取药等都非常方便。

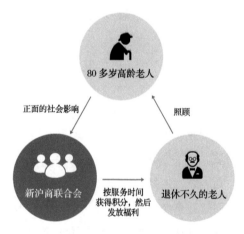

图5-6　新沪商联合会的公益养老模式

这个项目从2011年下半年开始在上海浦东新区的几个老社区实施。

交易主体和交易方式优化：找合适的交易主体，选合适的交易方式

每个社区成立一个服务站，负责招募义工，按小区需要照顾的高龄老人数量来配备，通常是每 5 户高龄老人由一名退休老人来负责。

新沪商联合会每年给服务站及社区所属街道办事处发放 1500 元左右的经费，用于义工培训和管理。经费的来源是该联合会的会费和一些发展基金的捐助。

运作一年后，被照顾的高龄老人有 1200 多人，报名做义工的退休老人有 250 多人。

一般来说，退休不久的健康老人时间较充裕，体力还可以，再加上刚退休时可能有点失落，更愿意去照顾 80 多岁的高龄老人，从中得到被需要的感觉。不过，持续付出也会带来疲惫感，如何让他们乐意做义工呢？

新沪商联合会成功的秘诀是，退休老人可按服务时间获得积分，换算下来，每人每年平均获得 5000 元的补助。不过，这笔钱不是直接给的，而是以福利的形式进行奖励。比如，他们 80 岁以后可以优先享受退休不久的健康老人的服务，新沪商联合会每隔两个月发给他们一个红包或米油，每年会组织一次体检和旅游等，并且每半年会组织一次先进表彰。

如果直接按服务时间结算现金，会让退休老人觉得这是工作，可能不愿参与，而这种福利形式的资助能赢得他们的好感，让活动得以持续下去。

新沪商联合会的公益养老模式的核心是和退休不久的健康老人进行交易。这些退休老人的劳动力是一种闲置资源，对组织方来讲，只需投入较少的成本即可实现交易。此外，由于这些老人都住在同一个社区，彼此比较熟悉，服务效果也比单独请人来照顾好。

商业模式案例

　　绿城集团在开发的小区设立老年大学，以实现老有所学、老有所乐。老年大学每周会排课，包括音乐欣赏、书法绘画、摄影、烹饪、文学历史等。

　　问题是，谁来讲课呢？

　　绿城老年大学发现，小区里就住着很多退休的专业人士，比如大厨、摄影师、银行行长、音乐家、历史学教授、舞蹈家等。

　　于是，绿城老年大学就把这些退休的甚至还没有退休的专业人士聘为教师，给予他们少许课酬。

　　绿城老年大学模式的核心，就是和小区里的专业人士进行交易。很多课外培训机构会请刚进入大学的优秀学生担任补习老师，也是利用了这些学生的空闲时间和优秀技能，这样既降低了自己的成本，也给这些学生提供了收益。

　　所以，按照成本最低原则去寻找交易主体，就是要找到能帮你最大化降低成本的交易主体，包括利用率低的资源能力拥有者和优势资源能力拥有者。

按风险最小原则选择交易主体

　　选择任何一个交易主体都会面临经营风险。因此，企业在选择交易主体时，风险最小原则是一个重要的考虑因素，也就是要选择能让企业承担最小经营风险的交易主体。

　　按风险最小原则选择交易主体时，主要关注两个方面。

　　第一，交易主体能帮你直接降低经营风险。

商业模式案例

2020 年 2 月 26 日，儿童内容教育品牌"凯叔讲故事"宣布完成由挚信资本领投、新加坡投资公司淡马锡和正心谷跟投的 C＋轮 6600 万美元融资。2014 年创立之初，"凯叔讲故事"只是一个给孩子讲故事的自媒体平台，6 年后已成长为儿童产业里排名靠前的公司。除了坚持原创、不断创新产品外，重视管控产品品质的风险也是其成功的原因之一。创始人凯叔从一开始就建立了从提出创意项目到最终形成产品的多轮高淘汰率的评审制度。

问题是，找谁来负责内容的评审呢？谁是参与产品品控的最佳交易主体呢？

凯叔从供给和需求两方面精心选择交易主体。

首先，在内容供给方面，凯叔聘请了项目领域的高水平专家，比如诗词、成语、历史等领域的专家。这些专家每周到他的公司上两天班，参与项目的内容审查，确保内容的可靠性、权威性。

其次，在播放的内容是否受儿童喜欢的需求方面，凯叔从热心的儿童听众中选择了数百名产品体验官，给他们颁发聘书，给予奖励。

这样严格的品控机制，让产品在大规模上线推广前就经过了用户验证。结果，几乎每个产品在精心打磨后，一经播出就大受欢迎，使得经营风险大大降低。

此外，把专家的专业知识赋能在公司的产品内容和品牌上，就不用担心产品火爆后，专家被其他平台挖走了，也降低了公司的经营风险。

凯叔把内容专家和听众作为交易主体，使之成为利益相关者，同时解决了内容供给的可靠性和需求体验的问题。

第二，交易主体能为你承担更多经营风险。

商业模式案例

在养殖行业，所有养殖户都会面临产品市场价格波动的风险。

假如你是一个肉鸡养殖户，在你周边有3家加工企业：第一家企业承诺由它来承担产品市场价格波动的风险，第二家企业是和你分担产品市场价格波动的风险，第三家企业则是让你自己承担产品市场价格波动的风险，如图5-7所示。

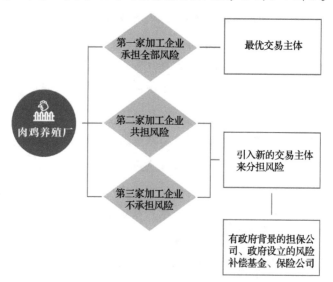

图 5-7 肉鸡养殖户选择交易主体

你会选择把产品卖给哪家加工企业呢？也就是说，你会选择和谁交易呢？

如果你自己的风险承担能力和承担意愿比较弱，那你应该选择第一家让你承担的风险最小的加工企业进行交易。如果现有交易主体风险承担意愿和能力都比较弱，你可以引入新的交易主体。比如，肉鸡养殖户和加工企业的风险承担能力均不足，可以找有政府背景的担保公司、政府设立的风险补偿基金或保险公司来分担风险。

按性价比最高原则选择交易主体

在现实生活中择优交易主体，可能不仅要考虑收益、成本等单一因素，还要考虑按收益扣除成本后的净利润，也就是我们常说的性价比。

比如，你在和某个供应商交易的时候，对方供应的产品价格比较高，但产品的品质和技术好，维修的风险和成本低，也就是说，这个产品的购买成本和使用过程中产生的成本反而更低，而且因其品质好，售价可以卖得高些，获得的收益也就更高。综合比较后，这个供应商应该是你的最优交易主体。

再如，读名校的 MBA 虽然学费比较高，但学生毕业后出路更好、收入更高。所以，你通常不会只是因为学费高就放弃读名校的 MBA。

总体来说，以上 4 个原则是择优交易主体的一般性原则。企业决策者的经营理念、价值观和风险偏好不同，企业所处的成长阶段及竞争实力不同，可能就会采用不同的标准，做出不同的选择。

拓展思考

1. 谢馥春这种老字号在景区经营时存在淡旺季，应该如何开辟其他渠道和消费场景呢？

2. 在很多提供高管管理培训的机构中，教师的收入在总成本中占比高，能否想办法降低教师的薪资成本呢？

3. 知识付费平台面临很多经营风险，比如平台把某个专家捧红后，专家可能会被其他平台挖墙脚，如何减少或规避这种风险呢？

共赢：构造对各方均有价值的交易方式

择优交易主体后，接下来就要择优交易方式。所谓交易方式，是指如何与交易主体交付彼此的资源能力。交易方式不同，交付的成功率和交易价值的差别会很大。

交易方式有很多种，可以按经营活动环节来分类，比如研发、采购、制造、营销等活动的交易方式。每个经营活动都存在很多交易方式。

选择交易方式时，通常要遵循两个重要的原则。

原则一：该交易方式能给对方带来价值，包括减少资源能力约束、提高收益、降低成本或减少风险。

例如，企业与客户采用按揭、租赁的交易方式可以降低客户的购买门槛，扩大有效需求，实现营业收入快速增长。

原则二：该交易方式可以缓解自身资源能力的不足，实现收益最大化，包括快速增加营业收入和收益来源。

例如，特许加盟方式相较于直营，可以更好地利用交易主体的资源能力，实现快速扩张。可口可乐早期通过授予装瓶销售权的交易方式实现了快速扩张。

第 3 章介绍过的高效生态复合肥的案例便遵循了这个原则。

第 3 章从交易主体的角度介绍过，该科研团队可以通过资源能力交易和价值分享化竞争为合作，选择与有一定规模的区域复合肥厂家合作。实际上，在生产和销售活动环节，该科研团队与传统复合肥厂家还有多种交易方式可以选择。选择不同的交易方式，则最终实现的投资价值的差异会很大。

下面针对这个案例介绍 5 种交易方式，如图 5-8 所示。

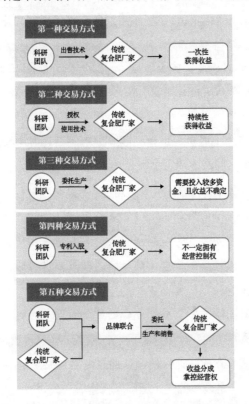

图 5-8　科研团队与传统复合肥厂家的 5 种交易方式

第一种交易方式：该科研团队把技术专利和技术诀窍一次性卖给传统复合肥厂家，可以一次性获得收益。

这种交易方式涉及对技术的估值，较难实施。按什么方法估值呢？是按市场比较法、收益现值法还是其他方法呢？如果低估了，该科研团队吃亏；如果高估了，则买方不愿意。而且，使用这种交易方式一般只能跟一家企业交易，交易价值往往不高。

第二种交易方式：授权使用，该科研团队按销售额或产量收取一定比例的专利使用费或技术诀窍使用费，这样可以获得持续性收入。

这是高通在 2G 和 3G 市场采用过的交易方式。由于高通的专利池比较全面，这些专利都是 2G 和 3G 应用绕不开的技术，因而让高通在 2G 和 3G 时代取得巨大的成功。即使到了 2020 年的 5G 时代，华为的 5G 专利高居世界第一，也要向高通缴纳 2G 和 3G 技术的专利使用费。所以，这种交易方式的可操作性是比较强的。但是，如果被授权使用的企业没有上市，高通就很难监控其专利使用企业的销售额或产量，即监督成本高，收益不大，风险大。

第三种交易方式：委托生产，自己培育品牌并进行销售，即 OEM（Original Equipment Manufacturer）模式。

选择这种交易方式，该科研团队自己要建立销售渠道，打造品牌。这需要投入较多的资金，该科研团队需要进行股权融资。由于事业还在起步阶段，销售额少，企业估值不会很高，股权融资后可能导致该科研团队的股权稀释比较严重。而且，面对众多区域竞争者，这种交易方式的实施效果不确定，不一定能获得股权融资。

第四种交易方式：该科研团队通过专利评估入股现有复合肥厂家，或者与有一定规模的复合肥厂家合作成立公司。

这样做首先要面临专利评估问题，而且通常只能和一家企业合作，且不一定拥有经营控制权。

第五种交易方式：该科研团队与合作厂家进行品牌联合，节约自身的品牌投入；再委托合作厂家生产，利用其工厂产能和生产人员，并按成本价收购；最后，要委托合作厂家销售，利用其现成的销售渠道进行销售。在收益分配上，该科研团队把成本节约额比较大的比例（比如 75%）分给合作厂家。

这种交易方式的设计理念，是将经营活动切割为技术研发、配方、生产、销售，并将资源能力切割为品牌、资金、产能、销售能力等。

在这种交易方式下，该科研团队可以掌控经营权，通过技术研发、配方输入、产品品牌授权与联合等，获得持续性的分成收益，大大减少了资金投入规模，避免股权稀释，还可以作为独立经营主体上市。

为了进一步控制合作厂家的机会主义行为风险，该科研团队可以设立一个合作方投资基金，在进行下一阶段的股权融资时，可以针对合作方的表现，给予其不同额度的优先投资权。

显然，这种交易方式最终所实现的控制力和投资价值最高，交易成本和交易风险可控。

你也许会说，这样该科研团队不是很吃亏吗？

其实，该科研团队并不吃亏。因为它没有大规模的资金投入，股权稀释程度低，而且产品可以迅速得到市场认可，快捷增加销售额、利润和投资价值。在第二阶段，随着企业实力的增强，它还可以调整交易收支方式。

例如，可口可乐的配方发明人早期缺乏资金和经营管理能力，于是选择拥有资金和经营管理能力的区域性合作伙伴，给予它们永久性的区域装瓶销售权，向它们出售浓缩液，但要求它们以可口可乐品牌去推广和销售。后来，可口可乐收购了这些装瓶企业。因嫌资产重，可口可乐后来又把工厂装瓶业务分拆了。

由此可见，不同的交易方式最终带来的收益差别很大。此外，由于不同交易主体的诉求、资源能力约束不同，企业需要采用不同的交易方式，以达成交易，扩大收入规模。

施乐公司为何沦为给人做嫁衣

商业模式案例

施乐公司是一家以生产复印机为主业的科技公司。1970年，施乐公司投入巨资在加利福尼亚州创建了"帕洛阿尔托研究中心"（以下简称施乐 PARC）。施乐 PARC 研发了很多先进的技术，但施乐公司并没有因此受益，反而是这些技术被别人利用后大放异彩，产生了巨大的商业价值。

例如，乔布斯就借鉴了施乐公司的技术，研发出苹果 II 型电脑，推出后很受市场欢迎。

又如，当时施乐公司的两位技术发明人试图将一项桌面技术做成一个开放标准，但遭到公司高层的反对。公司高层认为，如果采用开放标准，公司并不能从中获得多大好处。后来，那两位技术发明人离开施乐公司，创建了 Adobe 公司，直接向苹果、IBM、佳能、惠普等大公司销售字库和图形软件等产品。到 2001 年年底，Adobe 公司的股票市值已接近施乐公司。2017 年，成立 35 年的 Adobe 公司年收入超过 70 亿美元，市值超过 950 亿美元。截至 2022 年 8 月 15 日，Adobe 公司的市值为 2085.74 亿美元。

据统计，在 1979 年至 1998 年这 19 年间，从施乐 PARC 脱离后成立的公司就有 24 家，其中公开上市的有 9 家。这 9 家上市公司 2001 年的股票市值之和，竟然是老东家施乐公司同期股票市值的 15 倍！

为什么施乐公司花了很多钱雇高手，研发出众多创新产品，结果却给别人做了嫁衣，没有获得应得的收益？究其原因，在于施乐公司没有找到与研发团队施乐 PARC 更好的交易方式。其实，施乐公司可以形成内部创业机制，设立投资公司，让其与研发团队合作成立公司，共同分享技术创新带来的价值。

现在，越来越多的企业尤其是科技企业开始重新定义企业的价值，把企业定义为战略投资人和赋能体。部分企业采用内部创业方式，由企业提供资金、品牌、客户等资源能力，与团队形成合作交易关系，实现共赢。这是和企业内部交易主体进行交易的方式。

不同交易方式带来不同利润

商业模式案例

销售一台价值 10 万元的高速复印机，每台净利润为 5000元。如果采用 3 种不同的交易方式，其带来的客户量和利润会有很大差别，如图 5-9 所示。

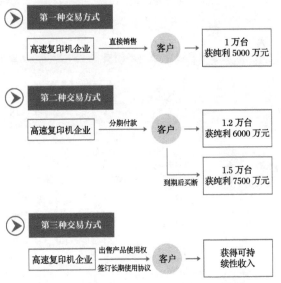

图 5-9　高速复印机企业与客户的交易方式

第一种交易方式：直接卖给客户，可以卖 1 万台，获纯利 5000 万元。

第二种交易方式：分期付款，由于付款门槛降低，销售量可以达到 1.2 万台，获纯利 6000 万元。分期付款的交易方式还可以进一步细化。比如，把每月付款额再降低一点，而且到期后，客户可以回购设备。采用这样的交易方式，销售量可以增加到 1.5 万台，纯利可以达到 7500 万元。

第三种交易方式：不卖设备，只出售产品的使用权，与客户签订长期使用协议，这样可以持续获得收入。

实践：节能设备的七种交易方式

商业模式案例

一款昂贵的节能设备为了扩大销量，针对不同交易主体，可以设计哪些交易方式？

图 5-10 展示了节能设备面对不同交易主体的交易方式设计。

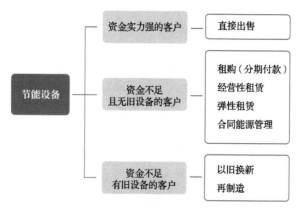

图 5-10 节能设备面对不同交易主体的交易方式设计

交易主体和交易方式优化：找合适的交易主体，选合适的交易方式

第一种交易方式：直接出售。这种交易方式比较适合资金实力强、融资成本低的客户。

第二种交易方式：租购，也叫分期付款。这种交易方式适合资金不足的客户，他们不能一次性付款。

第三种交易方式：经营性租赁。客户只需支付设备使用费和折旧成本，这些费用远远低于购买价。客户不必全额偿付，且剩余价值和转售风险由出租人承担。

第四种交易方式：弹性租赁。租赁期限没有固定到期日，在规定的最低租期过后，客户可以随时叫停部分或全部服务，可以灵活使用设备。

第五种交易方式：合同能源管理。这种交易方式是指客户不必出钱，由设备厂家提供设备，然后收取客户的部分节能收益。

第六种交易方式：以旧换新，即用旧设备抵扣新设备的部分价款。

第七种交易方式：再制造。这种交易方式是指设备厂家从客户手中回购设备进行改造，提高其性能；改造完成后，以合理的租金将其出租。

 拓展思考

除了以上 7 种交易方式，你还能想到别的交易方式吗？你想到的交易方式更适合什么情况？

第 **6** 章

交易收支优化：
充分调动客户的交易意愿

商业模式的持久程度，决定于交易收支（盈利模式）的健康程度。因此，在设计商业模式时，务必要详细分析一下，向谁收费、如何收费以及按什么量纲收费这些问题。弄清楚这些问题，企业才能不断优化交易收支，让客户乐于接受，并带来源源不断的盈利。

奈飞公司于 1998 年成立，与当时的龙头企业百事达一样从事影像 DVD 租赁服务。百事达的盈利模式是，按客户租赁每张 DVD 的时长收取租金，如果客户延期归还，则会收取滞纳金。

1999 年，奈飞公司改变了这种盈利模式：客户按月支付订阅费，只要客户每次持有的 DVD 数量不超过约定的数量，就可以无限制地租看。订阅模式使奈飞公司在交付 DVD 之前就收取了客户的费用，增强了客户黏性。此举导致百事达及众多同行企业陷入经营困境。

我们在第 2 章介绍了交易收支的 4 个模块，即收支定向、收支定式、收支定纲和收支定量。本章重点介绍前 3 个模块的基本原则，至于"收支定量"，读者可以参考定价模型方面的专著。

收支定向：向受益者收费，向贡献者付费

收支定向的基本原则：谁受益，谁付钱

谁受益，谁就支付报酬，包括直接购买产品服务或者参与分担投资、经营成本和风险；谁贡献，谁就获得报酬。

这个很容易理解。比如，一家品牌餐饮连锁企业的收入来源包括：顾客享受了产品和服务，就可以向其收取费用；加盟商获得了品牌授权、食材供应和经营指导，就可以向其收取加盟费、食材货款、经营收入一定比例的分成。该企业的支付去向包括：股东贡献了股权投资，就要向其支付分红；银行提供了贷款，就要向其还本付息；员工贡献了经营管理和服务，就要向其支付薪资和奖金；供应商提供了食材，就要向其支付货款；政府提供了安全保障，就需

向其纳税。

推论一：如果交易主体贡献了多种资源能力，扮演了多个角色，既是受益者，也是贡献者，就要对其受益收费，对其贡献付费。

对贡献者付费包括直接支付现金或用其他方式补偿。比如，以低价、折扣甚至免费的方式给贡献者提供产品；同时，对新的受益者收费，成为贡献者新的收益来源。例如，报纸的阅读者获得了信息，是受益者，应该付费订阅或购买报纸；但其同时贡献了注意力资源，应该获得收益。

商业模式案例

以前报纸是靠读者订阅获得收入的。1788年，英国一家报社发现，读者在阅读报纸信息的同时也提供了注意力资源，而这种资源对商家具有广告价值。也就是说，商家是新的受益者，报社可以据此向商家收取广告费。于是，这家报社在报纸中夹杂了一堆廉价小广告，开创了报纸广告业务收费的先河。后来，由于读者注意力资源的广告商业价值越来越大，报社的广告收入越来越可观，为了吸引读者，报社在经营成本上升的情况下，长期保持报纸的低价，形成了"读者低收费+商家高收费"的盈利模式。

人们对注意力资源商业价值的挖掘变得非常普遍，包括重大体育赛事赛场广告、运动员服装胸前胸后的广告、赛事电视转播过程中插播的广告、影视剧中的植入广告、影视剧播放过程中的插播广告等。

互联网时代又进一步发展出了"用户免费阅读或观看+向商家

以竞价方式收取更多广告费"的盈利模式。比如，雅虎、谷歌、Facebook、百度、今日头条等互联网门户网站或搜索服务商，都是以免费内容吸引用户，然后从商家处收取广告收益。这些企业广告收费的量纲（点击率、转化率）和机制（竞价排名）很细致。

随着时代的发展，注意力资源的商业价值利用模式再次升级为"用户看内容领取报酬＋向商家收取广告费"的 3.0 盈利模式。比如，某些 App 的用户在 App 上面阅读新闻后，还可赚取奖励收入。正是因为这些用户贡献了注意力资源，形成了巨大的广告价值，这类 App 才可以吸引很多商家来投放广告，所以用户作为贡献者，也应该分享广告收益。注意力资源的盈利模式如图 6-1 所示。

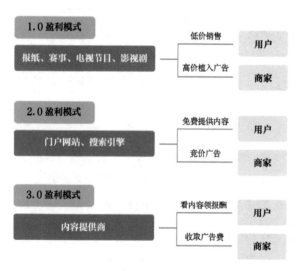

图 6-1　注意力资源的盈利模式

由此可见，如果交易主体贡献的价值给焦点企业带来了巨大的收益，那么交易主体就可以低价或免费获得产品或服务，甚至获得收益。产品众筹模式背后的原理也是企业发现了首批客户扮演着多种角色并能做出价值贡献。首批客户扮演的角色及其价值贡献如下。

第一，产品使用者。首批客户可以提供足够数量的确定订单。

第二，产品测试者。首批客户可以提供产品是否完善的信息。

第三，投资者。首批客户预先支付了购买产品的钱。

第四，营销员。企业可以利用首批客户的社会关系推销产品。

首批客户扮演的这些角色可以帮助企业解决融资、营销、产品完善等方面的难题，所以企业应该让他们参与收益分配。不过，不一定是让他们当股东。

接下来要研究谁来支付的问题。常规的支付者就是直接受益者。不过，企业在经营过程中会产生新的资源能力，这些资源能力对现有或者潜在的交易主体具有商业价值，也就是会产生新的受益者。因此，支付者可以是企业、用户，也可以是第三方合作伙伴，还可以是这几个支付主体的组合。

例如，大学设立"讲席教授"这一职位，就是由赞助方给资深教授提供薪资；各种论坛由赞助方支付活动费用，赞助方可以借此营销，获得声誉和潜在客户。

再如，西方服务业盛行的小费模式，就是由服务业主和顾客分别支付一部分服务费。

推论二：如果受益者众多，则需要厘清受益者之间的关联、衍生和延伸效应，根据受益者的支付能力和意愿来确定收谁的钱。

在移动互联网及数据智能时代，连接触点更多，极大拓宽了连接范围，受益者也就更多了。我们要分清谁是流量入口，要收谁的钱，不收谁的钱，给谁免费。

确定支付者后，就要搞清楚该从哪类产品或服务获取收入。企业通常通过直接销售产品或者提供服务获得收入。在现实生活中，用户需要的往往不只是一个产品，而是一个产品组合。为了解决用户痛点、提升用户体验，或者为了与竞争对手争夺用户，企业往往需要组合多个产品来获利。

产品组合有多种方式，包括互补组合（比如硬件与软件组合、软硬件与服务组合、低频产品与高频产品组合、流量产品与增值产品组合）、时序组合、跨界组合等。

例如，在手机网游中，游戏核心功能免费，而皮肤、经验包要收费，让付费用户得到更多的体验，又不影响免费用户玩游戏。这样既可以向付费意愿强的用户收费，又扩大了用户群体。

微软十分擅长通过产品组合销售来打击对手或新兴企业。20世纪 80 年代，微软开发的 Word 和 Excel 落后于两家单品公司的 WordPerfect 和 Lotus1-2-3。1990 年，微软将 Word、Excel 和 PowerPoint 捆绑成 Office 办公套件，以很大的折扣销售。例如，两套软件的售价各为 100 美元，微软将其组合销售后，定价为 120 美元，这比用户从单品公司分别购买更划算。微软 1990 年就实现销售收入 5.67 亿美元，1995 年高达 40 亿美元。

20 世纪 90 年代中期，微软通过捆绑销售打击了浏览器的先锋企业网景。2016 年，为了与办公信息软件 Slack 竞争，微软开发了 Teams 产品，将其打包到 Office 365，产品组合总价不变，相当于 Teams 产品免费，使其用户数在 2019 年超过了 Slack。

· 低频产品与高频产品组合

最早把低频的剃须刀架与高频的刀片组合销售的是吉列公司。在吉列公司取得成功后，不少公司就按照这个思路来设计商业模式，下面就是一个很好的例子。

商业模式案例

利乐公司早期进入中国时，只是一个液态食品灌装设备提供商。与大多数制造业企业一样，利乐公司也是通过销售设备获取收益。由于这种设备价格高昂，而中国大多数乳品企业当时正处于产能扩张和品牌营销竞争阶段，资金紧张，利乐公司面临销售困境。

利乐公司为此推出一种新的销售模式：客户只需付20%的设备款，就可以安装设备；不过，在设备安装后的4年内，客户每年必须购买一定数量的利乐包装材料。

对乳品企业来说，这个方案可以大大减少设备投资支出，减轻了初期运营的资金压力。

对利乐公司来说，这样做更容易获客，有利于扩大设备市场份额，还可以锁定客户4年，带动耗材销量增加和收益持续增长（因为包装材料属于耗材，使用量更大）。

· 整体解决方案

有时客户需要把一系列产品和服务搭配在一起才能产生效果。比如，在信息时代，软件需要与硬件组合兼容并不断升级维护，这就需要一个整体解决方案。大多数用户未必有这个能力，或者自己实现这种搭配的成本很高，这时企业就可以采取向用户出售整体解决方案的方式来获利。例如，装修公司提供全包服务，把设计、水电、墙面、管理等不同方面的服务打包，提供一体化服务给客户，让客户装修时可以省心、省力。

· 主业收入 + 兼职收入组合

在欧美很多国家，牙医的需求量比较大，收入也很高，一些大学就专门设立了牙医学院。如果牙医学院想扩招，通常的做法是高薪聘请高水平的教师。但学校预算总是有限的，比如需要 20 名教师，一旦高薪聘请，就只能聘 12 名教师了。

如何在预算有限的情况下，以比较低的薪水招聘到能满足教学要求的教师呢？

商业模式案例

美国一个牙医学院想出一个新的交易支付组合。一般大学会要求教师全职，不允许兼职，而该校只给牙医教师发放普通水平的薪资，但允许教师每周到牙医诊所兼职赚外快。这样教师的总体收入就会比较高，很多教师也就乐于接受了。

该校把牙医教师的收入方式转变为学院发放的较低薪资与允许教师兼职的收入组合，既降低了学校的师资成本，又保证了教师的收入。

拓展思考

西部大学的商学院面临师资难题：因教师收入低，学校很难从其他知名大学招博士毕业生来任教，而且教学水平比较高的教师正在逐渐流失。如何解决这个问题呢？

·产品与金融投资组合

以往企业主要关注如何从产品或产品组合中获利。其实，企业还可以把金融投资作为一个产品，将其与产品组合在一起，通过投资分红、企业上市或被并购变现来增加收益。

例如，利乐公司一些客户（乳品企业）的经营能力强，能获得著名风险投资者的青睐。利乐公司就可以根据风险投资的估值水平和条件，投资参股这些乳品企业。设想一下，如果利乐公司当时参股了伊利、蒙牛等企业，就可以获得可观的股权投资收益。

事实上，现在很多企业的客户或者合作伙伴的成长潜力大，投资增值倍数高，但它们缺乏资金，需要通过融资来购买设备或服务。如果你是一家设备生产商或服务提供商，就可以投资参股这种潜力股客户或合作伙伴，或者把一部分设备价款或服务费用折算为股份。

例如，小米智能硬件生态链业务部门除了给符合条件的创业型企业提供资源能力、参与收益分成外，还参股了不少智能硬件创业型企业，在它们独立上市后，就能获得股权增值收益。

总之，从客户需求和企业竞争的角度来看，企业为客户提供组合产品变得越来越重要。当然，企业还可以将产品分拆定价，比如将电动汽车的电池与车体分开定价。

如何丰富收入来源

如果想丰富收入来源，就需要识别出企业拥有的多种资源能力，发掘其价值，发现受益者。

我们可以列个表来分析企业资源能力，如表6-1所示。例如，餐饮集团在规模扩张过程中形成了供应链管理、店面人员管理等能力，就可以把这些能力开放给同行，给它们提供服务，不用它们再自行摸索，甚至可以独立成立公司，为其他企业服务。

表 6-1　企业资源能力分析表

企业资源能力识别	价值发现	受益者	收入来源（潜在）
产品	使用	产品使用者	产品销售
产品作为介质带来的资源能力：用户数据	数据价值	产品使用者	基于用户数据的个性化推荐衍生的商业活动等
产业链、行业生态圈其他主体（保险公司……）	服务收入	—	—
主业经营过程中衍生的资源能力：供应链管理……	新产品或服务价值	产业链、行业及生态多个主体	多样化的收入来源

　　行业头部企业拥有高信用等级资源和风控能力，可以为上下游中小企业提供供应链金融服务，从中获得利差收入。京东、小米商城、美团等互联网电商平台，拥有海量的用户交易和支付数据、沉淀的资金和先进的算法，可以更精准地评估用户的信用，及时预警，更有效地进行风险管理，还可以提供智能数据金融服务，以增加收入来源。

　　例如，某高端美容连锁集团的店面装修档次比较高，成本自然就高。那么，如何降低店面装修成本呢？

　　该集团识别出自身拥有场地和数万消费水平较高的顾客这两个资源，然后发掘它们的商业价值，即可以将美容院视为装饰品展示场景。据此，美容院免费让厂家摆放产品，如果店里的顾客扫码成交，店面就可以获得提成。这样一来，美容院既降低了装修成本，又多了一项收入来源。

收支定式：围绕收益、风险和激励进行设计

收支定式的细分维度

收支定式是指收支方式，可以细分为以下几个维度。

收支定型，包括佣金、价差、固定、分成、剩余、固定＋分成等。

收支定时，包括当期一次性预收、分期、延期、包月等。

收支定制，指谁来定价，包括用户自愿出价、拍卖出价等。

商业模式案例

假设某商学院有200名教师，按平均年薪40万元来算，每年要支出8000万元薪资。那么，商学院应如何对教师薪资的固定成本进行调整呢？

首先，商学院可以把所有课程列出来进行分解，将其划分为以下几个类型。

第一类：比较基础的原理课程。像经济学原理、金融原理、会计原理等课程，商学院可以找一些高年级的博士生与资深教授合上一门课，涉及比较重要的知识点时可以让资深教授来讲，其他内容则由高年级的博士生来讲。这样的话，如果找20位博士生，平均年固定报酬为10万～15万元，商学院每年总共需要投入200万～300万元。

第二类：提高性课程，或者提升研究能力的课程。这类课程可以找30位副教授来上，平均年薪为50万元，商学院每年总共需要

投入 1500 万元。

第三类：应用型课程。这类课程更强调实战，可以找教授或一些业界专业人士来上。商学院可以不给教授发固定工资，而是采用分成模式：教授的课程越受欢迎，或是学生越多，拿的分成就越高。对业界专业人士，商学院甚至可以完全不给工资，因其盈利模式不是靠讲课赚钱，过来讲课主要是为了宣传企业和获客。

这样算下来，商学院每年只需投入 2000 万元左右的工资成本，相较之前的 8000 万元，一下子节省了约 6000 万元。

选择收支定式的基本原则

确定收支定式时选择固定、分成、剩余还是固定 + 分成的模式，有 3 个基本原则，如图 6-2 所示。

图 6-2　确定收支定式的基本原则

原则一：风险承担。

如果交易主体投入的资源能力比较关键，并且承担了经营风险，则可以采用分成或剩余收支方式。

例如，2008年，某导演筹了8000万元拍电影。他一开始找演员A，对方要求1亿港元的片酬，超过了预算。他就找了演员B，对方的片酬要价是8000万港元。他最后只好找了演员C，对方只要300万港元的片酬。后来这部电影大获成功，拍摄续集时，演员C要求片酬提高到3000万港元；后来又拍下一部续集时，演员C的片酬进一步提高到5000万港元。演员C一直要的是约定好的片酬，不承担票房风险，自然就不能从高票房获利。

再如，某导演第一次执导电影时经费紧张。邀请演员甲和演员乙出演时，他想给他们每人200万元左右的片酬。演员甲表示，鉴于导演资金紧张，就不用给现金了，将片酬折算成股份。演员乙则拿了200万元现金片酬。显然，演员甲承担了票房风险，演员乙没有承担。电影上映后热卖，票房高达12.6亿元，演员甲分红5000万元。

在有些情况下，演员也可以拿一个比较低的固定片酬搭配一定比例的票房分成，分成比例可以随着票房收入达到约定的规模而增加。演员如果对票房有信心，愿意承担更多的风险，甚至还可以参与投资，分享票房收入的剩余收益，而不是只拿固定片酬。

商业模式案例

7-Eleven便利店用"业务转换加盟模式"收编了很多社区店，扩大了收入规模，提升了公司股票的价值。

为什么社区店愿意接受7-Eleven便利店的加盟模式呢？因为7-Eleven便利店拥有高效率的供应链系统、后台管理系统、品牌、规模采购谈判地位，可以给社区店精准地增加品类、降低物流采购成本、增加客流量，最终增加社区店的收益。

因为 7-Eleven 便利店与社区店都对收益增加做出了贡献，并且都承担了风险，便采用了收益分成模式：7-Eleven 便利店将毛利的 57% 分给 24 小时营业的社区店，或者将毛利的 55% 分给 16 小时营业的社区店。加盟 5 年后，根据经营情况，社区店还可以增加 1%～3% 的毛利分成。如果毛利在最初几年达不到预期水平，7-Eleven 便利店会给社区店一个最低限度的毛利率，从而保证社区店的基本年收益。

原则二：产出激励。

如果交易主体提供的资源能力对价值创造的贡献是固定的，就应该采取固定收支方式；如果贡献是可变的，则应该采用收益分成或剩余收益分享方式，以激励其增加产出。

早期家庭联产承包责任制，实行"交够国家的、留足集体的，剩下都是自己的"，就是调整了激励机制。

在早期的石油开采中，资源国政府保留资源所有权，油田开发商则提供投资和作业服务，采用产量分成模式：油田开发商回收成本后，可以获得一定比例的石油，再出售原油获利。这种收益会随着国际市场油价波动而变化，油价高时获得暴利，油价低时则仅得微利。

由于油价十几年持续攀升，资源国政府就更改了石油开发模式和收益分配规则，从产量分成模式转为服务模式。也就是说，资源国政府不再让油田开发商参与产量分成，只让油田开发商收取开采服务费，通常由"固定桶油报酬 × 产量"构成。这时油田开发商不能从油价上涨获利，也不用承担油价下跌的风险。

商业模式案例

中国石油（CNPC）曾经和英国石油公司（BP）联合，

赢得伊拉克鲁迈拉油田 20 年的开采服务合同。这是伊拉克已探明储量最大的油田。协议约定，鲁迈拉油田的基础产量为每天产出 106 万桶，当实际产量超过基础产量后，中国石油和英国石油公司联合体才能获得每桶 2 美元的服务报酬。

在实际应用中，分成比例还可以细分，比如分为递增分成、递减分成、浮动分成。很多餐饮企业的店面扩张采用与店面经营团队联合投资和利润分成的模式，比如总部投资 60%，经营团队投资 40%，利润按双方的投资比例进行分配。其实，双方还可以采用递增分成模式：一旦利润达到某个水平，就可以增加经营团队的利润分配比例。

长期以来，分成比例通常随着业绩基数的增加而下降，其实并不合理。比如，同一家公司的两位销售员用的都是公司的产品和资源，但销售结果差异很大。差异部分源于两个人的资源能力不同，分成比例应该按销售收入和回款状况递增。这样更合理，激励效果也会更明显。

原则三：监督成效。

如果交易主体的行为（比如积极性、责任心）和活动过程难以被有效观察、度量和监督，或者观察、度量和监督的成本高，监督的效果差，宜选择分成收支方式或剩余收支方式。

企业可以综合考虑，上述几项因素，然后确定是采用固定收支方式、分成收支方式还是剩余收支方式。同时，企业还可以根据设定的条件，组合使用 3 种收支方式，比如保底 + 增量分成，分成比例也可以调整。

例如，游戏开发公司可与开发人员联合投资，共担开发和经营风险，共享开发成功的收益。随着人才对企业产品创新和经营效果的影响越来越大，为了吸引和留住员工，激励员工的积极性和活力，越来越多的企业在不同管理层级、不同部门分别采用事业合伙人方式、虚拟股权方式、工作室分成方式，让优秀骨干员工参与剩余收益分配，与公司一起承担风险。

出租车公司与司机的分配方式长期以来都是公司拿固定收益，司机拿剩余收益。这是因为，出租车司机的行为过程很难被有效监督。同时，出租车公司提供的牌照、车辆等资质和资产属于固定贡献，赚多赚少与司机的付出关系更大。

不少工业产品设计公司开始要求采用收益分成模式，即与委托方企业就产品的经营收入进行分成。

不过，分成方式往往会受谈判地位的影响。即使你的产品给对方节省了可观的成本，或者增加了可观的收入，如果你所处的谈判地位不高，对方也不一定愿意和你分成。

收支定纲："性价比"是可以设计出来的

收支定纲的作用与确定原则

收支定纲，指按什么量纲或指标来定价。由于客户的偏好、诉求、购买能力、风险承受能力、时间成本等存在诸多差异，他们对产品价格高低的感觉也会不一致。有些产品质量很好，但有的客户觉得贵，或者觉得性价比低，难以做出购买决策。

那么，什么是贵？什么是便宜？什么是性价比高？什么是性价比低？

产品的性价比与收支定纲关系密切。例如，你在高铁站候车时想到附近的宾馆休息半天，如果宾馆按一天 24 小时收费，你会觉得比较贵，不划算；如果改为按钟点计费，你就会觉得比较划算。

基本收支定纲包括：（1）财务量纲，即按成本、利润率、投资回报率要求、供求状况、客户使用产品的成效来定价；（2）行业量纲，即按不同行业的具体业务场景进行细分定价。比如，卖场可以细分为按进场资格、位置、面积等来定价；货运公司可以按物品的重量、体积、价值、运输距离等因素来定价；电信公司可以按流量、时间长短、次数等来定价；设备企业可以按运行时间、行驶里程等来定价；互联网企业可以按点击率、转化率等来定价。

以软件企业为例，其收支定纲有 4 种模式，如图 6-3 所示。

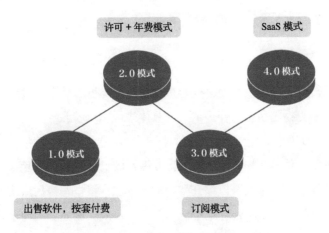

图 6-3　软件企业收支定纲的 4 种模式

1.0 模式：出售软件，按套付费。比如，微软销售办公系统软件就用这种模式。

2.0 模式：许可＋年费模式，相当于按使用权和使用时间付费。年费包括软件升级、软件补丁更新、服务热线以及在线支持的收费，一般不包含现场服务的收费。软件运行在客户自己的 IT 平台上。

3.0 模式：订阅模式，即许可费与年费合并为一个报价，客户按一定周期付费。比如，软件运行在客户自己的 IT 平台上，相当于只按使用时间付费。

4.0 模式：SaaS（Software-as-a-Service，软件即服务）模式，软件在公有云上运行，客户无须考虑 IT 平台的建设，按需付费购买。

选择何种收支定纲不是企业自己能决定的：一方面，会受谈判地位的影响；另一方面，需要满足双方的诉求，能缓解双方的资源能力约束，被双方接受。

确定收支定纲的基本原则：让客户觉得物美价廉、性价比高，或者能缓解企业的资源能力约束。比如，企业缺乏资金时，如果增强客户的购买和支付意愿，就能增加销售收入。

收支定纲的调整方式

调整收支定纲，可以改变客户的性价比体验，化贵为便宜，化物非所值为物超所值，促进成交。具体来说，调整收支定纲的方式包括细分现有收支定纲、选择新的收支定纲、组合多个量纲。

随着互联网、物联网、人工智能等智能信息科技的应用，数据资源日益丰富，企业可以综合多种数据资源，根据客户的层次或不同场景更精准地、个性化地定价，以增加收入。比如，网约车企业可以根据天气状况、时间段、供求状况、空气质量、地段位置、拥堵情况等多项因素，采用不同的加价比例供客户选择。

商业模式案例

通用电气出售飞机发动机时，是按发动机的成本加成进行定价的，然后一次性卖给客户。由于竞争激烈，其产品经常受到飞机制造商的压价，利润空间日趋缩小。在发动机售后维修市场，通用电气又经常被独立发动机维修商抢生意。

首先，通用电气兼并收购了一些独立的发动机维修商，减少了外部竞争；然后改变了收支定纲，把按成本加成法定价出售设备改为不直接出售发动机，而是按发动机运行时间收费；同时采用包修服务模式，即负责发动机的检测和维修，确保发动机能正常运行。

通用电气通过调整收支定纲，不但降低了客户的支付门槛，规避了压价问题，还有助于抑制外部独立发动机维修商的竞争。

一般来说，制造业企业的设备产品收支定纲有以下 5 种类型，如图 6-4 所示。

图 6-4　制造业企业设备产品收支定纲的 5 种类型

第一类：根据设备成本和追求的利润率加成定价。

这种收支定纲是指企业根据设备的成本，再加上自己想要的利润率，采取成本加成法定价方式，通过代理商、经销商或自己的销售部门将设备卖给客户，包括卖给融资租赁公司，可一次性获得货款。

这种收支定纲适用于企业自身资金实力有限，需要尽快回款以支持经营的情况。

第二类：按设备成本和客户的设备使用效果分成。

这种收支定纲是指设备以成本价卖给客户，或者以低租金租给客户，然后按客户的使用效果分成。比如，施乐公司销售高速复印机采取的方式是，每月向客户收取很低的租金，然后对超过一定复印基数的增量部分进行分成收费。

这种收支定纲适用于企业自身资金实力中等，需要回收一定的货款以支持经营的情况。

第三类：完全基于设备使用效果分成。

这种收支定纲是指将设备给客户免费使用，然后基于客户使用量或使用效果所带来的收入或节省的费用进行分成，称为合同能源管理模式。

这种收支定纲适用于企业自身资金实力强，不需要急于回收货款以支持经营的情况。

第四类：不出售设备，按加工量收费。

例如，某机床集团把原来销售机床的方式调整为不出售产品，而是成立区域性的机床加工中心，这样客户就不用再购买机床了，只需根据自己的需求量缴纳加工费。这样还可以锁定客户的长期需求。

再如，施乐公司销售高速复印机时采用不同的收支定纲，收益规模就大不相同。把高速复印机直接卖给客户的话，每台卖 10 万元，施乐公司可以卖 1 万台，每台净利润为 5000 元，可获纯利 5000 万元。如果施乐公司改为不出售设备所有权，只出售使用权，然后按客户的复印数量收费——每复印 1 张收取 0.1 元。假设客户 3 年累计复印 200 万张，施乐公司可收入 20 万元，到期回收设备，施乐公司翻新后可以 4 万元出售。这样，每台设备的净利润为 3.6 万元，由于客户不用支付设备价款，设备使用量可增加到 2000 万台，纯利可以达到 7.2 亿元。

第五类：设备折价入股。

这种收支定纲是指企业针对具有高成长能力却缺乏资金的特定客户，把设备折价入股。

收支定纲不是一成不变的。如果客户觉得按现在的收支定纲成本高，虽然你所处的谈判地位较高，可以不做出改变，让客户被迫接受，但你就给了竞争对手乘虚而入的机会。

商业模式案例

思爱普公司（SAP）的一款费用报销产品按单据量收费。用户初期不需要投入很多费用，但随着企业规模的扩大，所交纳的费用日益增加。

赛贝斯公司（Sybase）的数据库产品在与甲骨文公司的竞争中逐渐处于下风。思爱普公司收购赛贝斯公司后，将其数据库产品的计费量纲从按用户要求的软件功能计费改为按数据量收费，在一定时期内提高了数据库产品的销售额。

思爱普公司还有一款计费产品叫 BRIM（Billing and Revenue Innovation Ma nagement），Apple Store 的收费、计费系统用的就是这个系统。该产品使用范围比较窄，系统操作起来比较复杂，就按用户的营业收入收取一定比例的费用。

基于上述 3 种收支定纲，客户随着企业规模收益的扩大，需要缴纳的费用也在增加，成本逐渐提高。客户从一开始觉得划算转而觉得成本太高，此时企业是否应该调整收支定纲呢？如果是的话，如何调整呢？

 **拓展思考**

1. 你认为自己的企业或你所在公司的收支定向、收支定式有什么需要改进的地方吗？

2. 写出你熟悉的产品的收支定纲，或者对你熟悉的产品的现有收支定纲进行调整。

3. 某建筑公司每次项目预算时利润率为 20%，决算时却只有 5%，甚至出现亏损。审计发现，尽管公司制度严格，但仍存在"跑冒滴漏"、营私舞弊、开假发票等问题，这侵蚀了利润。集团公司决定加强过程管控，你认为有没有更有效的方法来解决这个问题呢？该建筑公司如何从与项目团队分利方面进行调整呢？

第 **7** 章

交易风险管理优化：
让合适的人承担合适的风险

　　谁制造的风险谁承担，谁有意愿和能力谁承担，围绕这两大原则，商业模式可以不断优化，进而降低企业经营风险。让守约收益远大于违约的机会成本，让违约惩罚远大于守约收益……坚持这些原则，交易结构就能持续避免机会主义带来的伤害。

经营风险管理：合理分配风险责任的两大原则

经营风险管理，除了要采取措施来消减、降低经营风险外，还要在交易主体之间科学分配无法消减的剩余经营风险。由于每个交易主体的风险偏好、风险承受意愿和能力存在差异，只有科学分配风险，才能保证交易的达成和可持续性。

在不同的交易主体之间分配经营风险有两个基本原则，如图 7-1 所示。

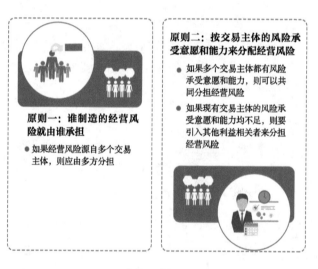

图 7-1　经营风险管理的基本原则

原则一：谁制造的经营风险就由谁承担

例如，服装行业经常会遇到产品滞销和退货的风险，这个风险该由谁来承担呢？我们来看看男装企业海澜之家是怎么做的。

商业模式案例

　　海澜之家的核心业务有 3 个，即服装品牌管理、供应链管理和营销渠道管理，企业相应建立了筛选产品的能力、供应商关系和供销经验、线下门店与线上营销能力。

　　早期滞销、退货多，是由于供应商的生产或选择的材质有问题，所以海澜之家就与供应商约定，除残次品外，两个适销季节后依然滞销的产品也可以退货。也就是说，海澜之家把滞销和退货的风险交由问题的源头——供应商来承担，迫使供应商优质选材、提高制造技术水平等，减少滞销风险。

　　当然，滞销也有可能是海澜之家自身的问题导致的。其实，自 2012 年以来，由于消费者的偏好发生了巨大改变，服装款式落后成为滞销的主要原因。海澜之家更接近终端消费者，感知市场需求的能力本应更强，但由于海澜之家不用承担滞销风险，对产品滞销不敏感，疏于提高市场洞察力和存货管理水平，导致供应商越来越难以承受资金占用成本和退货费用。

　　海澜之家的轻资产模式在服装代工厂饱受诟病。此外，服装行业竞争加剧又进一步降低了供应商的收益。2016 年，海澜之家开始通过子公司海一家，对部分滞销产品进行二次采购，将目标客户定位为中低收入的消费群体，以低价折扣的方式处理这些没有质量问题但不符合主流客户群体消费需求的产品。也就是说，产品滞销风险从以前完全由供应商承担转变为由海澜之家和供应商共同承担。

　　由此可以得出一个推论：如果经营风险源自多个交易主体，则应由多方分担。

原则二：按交易主体的风险承受意愿和能力来分配经营风险

在不少情况下，经营风险是外部因素导致的，比如宏观经济调控、产业政策变化、金融紧缩、市场竞争加剧等。此时，应按交易主体的风险承受意愿和能力来分配经营风险。

养殖业经常会面临多种经营风险，比如产品价格波动、饲料价格波动、畜禽病疫以及食品安全、公共卫生安全等风险。

很多养殖企业采用"公司＋养殖户"的模式。那么，如何在养殖户、经销商等交易主体之间科学合理地分配经营风险呢？谁应该承担更多的经营风险呢？

养殖户的经营风险承受能力较差，一旦产品价格较大幅度下跌，或者发生一次较大的病疫或自然灾害，就有可能血本无归。这会影响养殖户的投资能力，比如养鸡户第二年可能就没钱购买鸡苗，进而影响养殖企业的持续经营。

广东温氏集团是以肉鸡、肉猪养殖销售为主营业务的农业产业化龙头企业，就针对养殖企业的这些痛点设计了经营风险管理措施。

商业模式案例

温氏集团也采用了"公司＋养殖户"的模式，存在合作关系的养殖户多达 5.86 万户。温氏集团提供优质的仔猪、鸡苗和饲料，由养殖户负责养殖，再由公司统一回收，然后进行销售。

那么，温氏集团如何管理经营风险呢？

首先，温氏集团通过不断完善集采规模、优化饲料配比、投资疫情防控体系、严管食品安全、延伸产业链、加强项目管理和考核机制等举措来管理自身的经营风险。

其次，温氏集团按约定价格向养殖户供应仔猪、鸡苗和饲料，再按约定价格收购养殖户养大的生猪和鸡。也就是说，养殖户可以拿到稳定的收益，不用承担市场价格波动的风险。温氏集团将产品价格波动、原料价格波动等风险分配给自己，确保双方交易的可持续性。

从第二个原则也可以延伸出两个推论。

推论一：如果多个交易主体都有风险承受意愿和能力，则可以一起分担经营风险。

如果养殖加工企业不能或不愿单独承担病疫风险，也可以找利益相关者来分担。

商业模式案例

一家肉鸡加工企业采用与温氏集团不同的办法：与养殖户约定各自从每只交易的肉鸡的价款中拿出 0.1 元，共同设立养殖生产恢复基金，一起分担病疫风险。一旦发生肉鸡病疫，养殖户可以通过该基金迅速恢复养殖能力。

推论二：如果现有交易主体的风险承受意愿和能力均不足，则需引入其他利益相关者来分担经营风险。

如果养殖户和养殖加工企业一起分担病疫风险的能力还不足，可以再引入政府、担保公司、保险公司等利益相关者来分担剩余的风险。

例如，为了规避豆粕、玉米在采购时期价格上涨的风险，牧原股份就采取与保险公司合作的形式，向中国人保财险寻求保险服务，中国人保财险则向国泰君安期货及其子公司寻求再保险服务，当原材料价格上涨且高于目标价格时就触发赔付。牧原股份采购原材料时作为"价格接受者"无法控制市场价格波动，若猪肉价格下跌而原材料价格上涨，则利润空间将被严重压缩。通过引入保险机构这一新的交易主体，牧原股份就锁定了原材料采购价，让资金实力和风险承担能力更强的保险机构来分担风险。

温氏集团也以种猪养殖保险的形式降低了疫病带来的经营风险。

行为风险管理：合理设计奖惩制度的四大原则

行为风险管理是指要利用交易主体趋利避害的本性，设计出"最适激励和惩罚"的合约、制度，激励交易主体履行约定，抑制或减少交易主体的机会主义行为，提高交易主体价值创造的积极主动性和能力。

行为风险管理的基本原则有 4 个，如图 7-2 所示。

图 7-2　行为风险管理的四大基本原则

原则一：使交易主体因机会主义行为遭受的损失显著超过获得的收益

这个原则的目的是提高交易主体实施机会主义行为的成本，即使其付出更大的代价，以形成威慑。

实施这个原则通常有3种策略。

第一种策略：制定企业内部员工责任追究机制和处罚措施。

企业可以根据员工违章违纪行为及其造成损失的程度，给予不同的处罚。

商业模式案例

京东制定了严格的《京东集团反腐败条例》。刘强东说，如果公司怀疑你贪了10万元，就算花1000万元调查取证，也要把你查出来；你敢拿1分钱，我也一定把你开掉。

京东还采取共担责任的方式：一人售假，团队开除；下属售假，上级有责。

有些营私舞弊行为的暴露可能滞后，企业可以采取终身追责、追缴以往收益等举措形成威慑。

在体育竞赛领域，运动员被发现服用兴奋剂后，往往会被追回奖牌和奖金、禁赛等。对存在机会主义行为的企业主管人员，可以采取业绩奖励延迟支付等策略。

第二种策略：对外部交易主体设置违约赔偿合约，锁定资产。

例如，要求外部交易主体缴纳保证金、抵质押、担保等。对个人用户、企业法人等，还可以引入法院等第三方来实施处罚，比如由法院公布违约失信者名单，限制其高消费。

交易之前最好借助一些第三方商业调查工具进行调查，比如用天眼查 App 的"查老板"功能，输入对方公司老板的名字，即可点击查看其风险状况。如果对方失信和法律诉讼的信息条数过多，则你在交易时可以提高其保证金的额度，甚至放弃交易。你也可以对该公司进行调查。在天眼查 App 直接搜索该公司名称或该公司项目名称，通过"查风险"，可以清晰地看到该公司之前的违约风险状况及变更情况等。此外，你还可以通过天眼查 App 关注该公司动向，一旦该公司发生企业变更或有新增的风险，就可以马上知晓，及时改变交易。

第三种策略：**要求交易主体投资专有资产，提高违约成本。**

商业模式案例

为了解决对司机使用车辆时监督难、监督成本高以及司机在车辆维修方面营私舞弊等问题，一些物流公司要求司机自己配车，然后由公司租用并提供货源。

如果司机资金不足，物流公司可以借钱给司机去购买运输车辆。司机 3 年内要按月偿还购车款，3 年后即可拥有这辆车。如果司机存在机会主义行为，物流公司将终止合作。

因为这辆车属于司机的资产，所以司机会更爱惜，物流公司也就节省了监督成本。

原则二：**使交易主体因守约获得的收益显著超过机会成本**

引发交易主体机会主义行为的一个很重要的原因是，它与你交易的收益低于它与其他交易主体交易的收益。

怎么解决呢？一般有 3 种策略。

第一种策略：保证交易主体长期履约的收益高于机会成本。

例如，雏鹰农牧早期雇用当地农民来养猪，但农民有外出打工赚钱的机会，而且养猪的活儿比较脏和累。因此，雏鹰农牧给予养殖户的工资相当于他们在外面打工常规收入的两倍。

第二种策略：改变与交易主体的收益分享方式。

有时企业对交易主体的监督比较难，就可以采用分成机制或事业合伙人等机制，让交易主体分享剩余收益。

商业模式案例

永辉超市的普通员工平均固定月薪只有2000多元，只能基本保障温饱问题，所以部分员工毫无干劲，员工流失率极高。那么，如何解决这个问题呢？有人说，涨工资。但是，永辉超市在全国约有6万名员工，每名员工增加100元月薪的话，一年就要增加7200万元的支出。这是一笔很可观的固定成本，而100元的提薪对员工的激励作用却微不足道。

所以，永辉超市用合伙人分成制度来激励员工。针对每个品类，比如生鲜、食品、服装等，制定一个营业额和利润要达到的基础指标，然后永辉超市和员工针对超额利润进行分成，分成比例从37%到55%不等，而且分成收益是延迟支付的，员工要是提前离职，就只能拿到固定收益。

这个制度改革的成效比较明显。比如，永辉超市果蔬部门的损耗率大大降低了，只有4%或5%左右，而行业内的平均损耗率在30%以上。

第三种策略：赋能增值，提升交易主体的经营能力和收益。

有时交易主体的资源能力不足，导致收益减少，陷入流动性困境，造成违约。针对这种情况，你可以对交易主体进行赋能，提升其资源能力和收益水平，降低违约率。

此外，你还可以设计与交易主体现金流入期限分布特征匹配的金融工具，减少因交易主体的流动性危机导致的违约风险。例如，租赁公司的租金收取不是用常规的等额支付，而是根据客户的经营现金流特征，采用建设与运营初期低租金、运营成熟期高租金的支付模式。

原则三：控制关键资源能力或交易环节

关键资源能力包括专利、技术诀窍、IP、关键零部件等能够对企业发展起到决定性作用的资源能力。交易环节包括研发、生产、销售等企业发展必备的各个环节。一旦企业控制住关键资源能力或者某个交易环节，交易主体的违约成本就会大大增加，可有效防止其违约。

一般来说，控制关键资源能力或交易环节可以采取 4 种策略。

第一种策略：并购上下游企业，把外部市场交易转变为企业内部控制。

第二种策略：改变交易方式。比如，把加盟改为直营。再如，某肉类加工企业把企业和养殖户的交易方式从市场购买交易改为委托养殖。

第三种策略：控制关键资源和供应产品。例如，某蛋品加工公司控制了养殖基地的使用权，如果养殖户违约，公司可以收回养殖基地的使用权。再如，某肉类加工企业给养殖户提供饲料、仔猪等，不允许养殖户外购。

商业模式案例

在连锁加盟模式中，店面资源稀缺。如果是加盟商控制店面资源，一旦解约，加盟总部对店面的使用权也随之消失。加盟总部可与业主签订租约，掌握店面使用权，让加盟商只拥有经营权。这样，即使加盟商解约退出，加盟总部仍可控制店面。

下面来看另一个案例。

商业模式案例

某设计公司设计了一款老年手机，功能简单实用：按键较大，屏幕颜色对比强烈，手机最下方还设有"儿子键"和"女儿键"，按这两个键即可拨通儿子和女儿的手机。

该公司没有采用常规的按项目定额向客户收费的交易方式和盈利模式，而是申请了专利，然后将专利授权给生产企业，收取授权费。

该公司如何避免被授权企业少报销售量的风险呢？该公司要求控制关键芯片的采购权，自己给被授权企业提供芯片。没有关键芯片的话，这款老年手机就会失去竞争力，所以被授权企业必须按照实际需求量来采购芯片。这就有效避免了被授权企业少报销售量的风险。

第四种策略：削减交易主体的控制权，降低对其的依赖。

这种策略是指企业要分解经营活动，分割资产权力，分离资产的所有权、占有权、经营权，将其配置给不同的交易主体，分别与若干个交易主体交易。比如，不集中采购一家企业的产品。

原则四：建立有效的机会主义行为发现与监督机制

建立有效的机会主义行为发现与监督机制有两种策略。

第一种策略：利用技术手段限制交易主体的机会主义行为。

例如，在租赁设备中植入软件，如果承租人未按约支付租金，即可通过操控该软件使设备停止运行；在建筑工地、车间等公共场所安装监视器，实时进行过程监督；利用大数据分析技术、区块链技术及时识别风险行为；利用互联网相关技术实施用户点评机制等。

商业模式案例

某机器人租赁公司在机器人控制软件中设置了使用权限和期限。用户启用机器人时，需要输入一个授权码，每个码有半年到一年的使用期限，该公司借此设置尾款回收期，一旦没有按期收到尾款，机器人就不再运行。

第二种策略：利用制度，限制交易主体的机会主义行为。制度一般包括企业内控监督和审计制度；举报奖励制度，将罚款用于奖励举报者；相互监督机制，如相邻作坊或农田小额贷款互保。

企业一般会采取多种风险管控方法。例如，通过设计守约的预期高收益奖励与严厉的机会主义行为惩罚相结合的机制，优步以此来管理司机的机会主义行为风险。

温氏集团的"公司＋农户"模式面临的不仅有经营风险，还有签约养殖户的机会主义行为风险。例如，一些存心不良的养殖户可能会给生猪灌喂泥沙来增重或喂养劣质饲料，或在生猪、肉鸡市场价格高的时候不履行供应合同。

签约养殖户的不良行为会影响温氏集团的产品品质、声誉和经营的稳定性，进而危及温氏集团的持续经营。如果温氏集团没有找到有效管控养殖户机会主义行为风险的方法，就得自筹资金投资养殖环节，这会导致自身资金压力大，发展速度变慢。

商业模式案例

温氏集团是如何管控养殖户的机会主义行为风险的？

第一，控制关键资源能力。比如，温氏集团与养殖户签订合作养殖协议时，明确规定养殖户必须购入温氏集团指定的仔猪、疫苗、饲料等。温氏集团还改变了原来与养殖户的交易方式，把市场购买交易改为委托养殖，确保温氏集团拥有生物资产的所有权。

第二，增加违约损失成本。温氏集团要求养殖户投资建设专用养殖设施。如果养殖户违约，温氏集团就会终止合作，养殖户的专用资产将成为沉没成本。此外，在合作之前，温氏集团会要求养殖户交纳一定保证金。

第三，加价出售仔猪、疫苗、饲料和收购产品。与养殖户签约时，温氏集团会在市场价格的基础上加价20%，把仔猪、疫苗、饲料卖给养殖户，然后又加价20%收购成猪和肉鸡，防止养殖户在市场价格高的时候将其违约卖给其他企业或个人。

通过采取这些措施，温氏集团使养殖户的机会主义行为大大减少。

 拓展思考

　　根据上述原则和方法，你的企业可以采取哪些方式来控制交易风险呢？

第 8 章

评估：
快速判断一个商业模式是否靠谱

不管是设计自己的商业模式，还是研究其他企业的商业模式，我们都应该有一套标尺。通过这套基于成效和风险的标尺，我们能快速判断商业模式中存在哪些缺陷，并快速找到优化的方向和方法。

瑞幸迷局：互联网商业模式引发的分歧

商业模式案例

2017 年 10 月，中国诞生了一个新创的咖啡品牌——瑞幸咖啡。

根据公开资料，瑞幸咖啡在成立后的短短半年时间内完成 525 家门店布局，经过 4 个月产品、流程和运营体系的磨合，于 2018 年 5 月 8 日宣布正式营业，被称为"新零售独角兽"。2019 年 5 月 17 日，瑞幸咖啡登陆纳斯达克，融资 6.95 亿美元，成为世界范围内从公司成立到 IPO（Initial Public Offering，首次公开募股）最快的公司。

2019 年 7 月 8 日，瑞幸宣布推出小鹿茶产品，进军新茶饮市场。同年 9 月，小鹿茶品牌开始独立运营，并引入新零售合伙人模式。

2020 年 1 月 8 日，瑞幸咖啡发布智能无人零售战略，推出无人咖啡机"瑞即购"（luckin coffee EXPRESS）和无人售卖机"瑞划算"（luckin pop MINI）。

截至 2019 年年底，瑞幸咖啡直营门店数达 4507 家，交易客户数突破 4000 万，App 持续位居 App Store 美食佳饮排行榜榜首超过 200 天。瑞幸咖啡的发展路线图如图 8-1 所示。

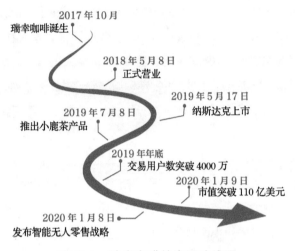

图 8-1　瑞幸咖啡的发展路线图

　　瑞幸咖啡奉行电商的商业逻辑：从咖啡这个单品切入，借助互联网手段，通过打折优惠、拉新奖励、电梯广告、新媒体广告等方式，大量"烧钱"补贴，迅速获取客户并形成品牌。比如第一次注册瑞幸咖啡的会员就可以免费领取一杯咖啡，以后还会不断收到它推送的优惠券。客户点外卖也比较方便，一般30分钟左右就能收到瑞幸咖啡。

　　正当瑞幸咖啡高歌猛进时，2020年2月1日凌晨，做空机构浑水公司公布其收到的一份89页的匿名报告，揭露瑞幸咖啡在2019年第三、四季度捏造运营和财务数据，在单店每日商品销量上至少分别夸大了69%和88%，第三季度的广告支出至少夸大了150%。

　　这份报告列举了5个"铁证"和"6个有关瑞幸咖啡IPO前的股东及管理层诚信操守问题的危险信号"，以此论证瑞幸咖啡存在欺诈行为。此外，这份报告认定瑞幸咖啡的商业模式存在5个基本缺陷，试图证明瑞幸咖啡的业务"基本崩溃"。

2020 年 4 月 2 日，瑞幸咖啡向美国证监会提交了一份文件，自曝公司 COO（Chief Operating Officer，首席运营官）等人在 2019 年第二至第四季度虚增 3.1 亿美元（约合 22 亿元人民币）的销售额，相关费用和支出也有所虚增，引发瑞幸咖啡股价暴跌逾 80%。后来，有关部门的调查证实了瑞幸咖啡在营业额、成本等方面存在数据造假问题。

数据造假应严罚，但浑水公司引用的报告指出瑞幸咖啡的商业模式存在 5 个缺陷是否恰当呢？我们来评析其论断对不对。

瑞幸咖啡的商业模式缺陷一：瑞幸咖啡针对核心功能性咖啡需求的主张是错误的：中国的咖啡因人均摄入量为 86 毫克／天，与其他亚洲国家相当，其中 95% 的摄入量来自茶叶；中国的核心功能性咖啡需求市场规模较小，且呈温和增长趋势。

做任何生意都有对客户需求的基本假设或隐含假设，企业可以据此提出对客户的价值承诺，包括产品性能、价格、品质、服务（保修时间）、便捷性、舒适性等方面。这被称为客户价值主张，是企业商业逻辑的起点，也是企业存在的理由。其实，任何组织都需要客户价值主张。

瑞幸 CEO 在瑞幸咖啡 2019 全球合作伙伴大会暨全球咖啡产业发展论坛举办期间表示，"瑞幸的核心价值主张是提供更多的咖啡产品，通过消除星巴克产品的价格溢价，使其定价更有吸引力，更容易获得并且具有可比的质量"。

瑞幸咖啡针对核心功能性咖啡需求的主张属于客户价值主张问题，而不是商业模式问题。该主张正确与否，需要实践来验证。例如，舒尔茨当初创立星巴克是基于"第三空间"的客户价值主张：在工作和家庭之外，人们还需要一个可以互相交流的第三空间。第三空间确实需要，也已经存在，而且不止一个。

你的咖啡店能给客户提供什么价值？它是否能更好地满足客户的诉求？它自身能否实现商业价值？这些都需要实践来验证。

毕竟瑞幸咖啡从创立到 IPO 不过两年时间，其客户价值主张和商业模式尚未得到充分验证。那么，基于多长时间的验证结果可以得出结论呢？半年、一年、两年还是更长时间呢？这并没有一致的标准，而是取决于个人风险偏好。

此外，中国消费群体庞大，即使咖啡的人均消费量目前仅与亚洲其他国家相当，但总量也非常大，需求市场规模并不小。因此，现有需求市场规模足以支撑一个大的咖啡企业。

瑞幸咖啡的商业模式缺陷二：瑞幸咖啡的客户对价格敏感度高，留存率依靠优惠的价格促销来驱动。瑞幸咖啡试图降低折扣水平（即提高有效价格）并同时增加同一门店的销售额，这是不可能完成的任务。

这个缺陷与瑞幸咖啡价格促销和留存率有关，这在商业模式框架中属于交易收支模块中的收支定式和收支定量的内容。瑞幸咖啡与客户的交易方式采用买赠方式：通过买一送一、买二送一等比较大的折扣优惠来补贴消费者，快速拉新和留存客户，扩大客户规模。通过价格战来迅速扩大客户规模，是企业常用的一种经营策略，包括低价、免费甚至补贴客户和供应商等方式。

互联网时代，在资本的加持下，部分企业会用更高的折扣、更低的价格甚至免费的方式打价格战，希望迅速扩大用户规模。这里面除了有经验曲线逻辑外，还增加了用户资源和自身能力变现的范围经济逻辑，即利用迅速获得的用户、流量和数据形成的用户资源以及自身的品牌效应、技术能力、丰富的产品品类，通过多种方式进行流量变现，获得多样化的收益来源。具体的模式可以自己做，也可以开放平台，吸引外部供应商或中介入驻，或者与其他企业合作。例如，小米的智能硬件生态链业务赋能创业型企业，字节跳动的抖音网红带货等。

因此，降低折扣水平并同时增加门店销售额是否可以完成，则见仁见智，也需要时间检验，取决于人们对瑞幸产品品类变化的假设。如果你认为瑞幸只是卖咖啡，就像当年人们认为亚马逊只是网上图书零售商一样，可能就会认为这个任务很难完成。但是，成功的互联网企业的实践表明，存在后续通过提供议价能力强的增值产品来提高收益的可能性。

因此，现在就断言瑞幸咖啡"降低折扣水平（即提高有效价格）并同时增加同一门店的销售额是不可能完成的任务"，乃过于武断，需要进一步验证。

瑞幸咖啡的商业模式缺陷三：依托无法获得利润的有缺陷的单位经济，瑞幸咖啡破碎的商业模式必然会崩溃。

该缺陷是产品、商业模式及运营能力共同作用的结果，不只是商业模式的问题。这可能是产品问题、店址选择问题，或者市场需求暂时没有预期的大，抑或是店面运营能力问题导致的，可以进一步改善。例如，瑞幸咖啡通过外卖量数据决定线下店的位置，就是一个优化改进的举措。

历史上，大多数投资人不看好或者所有投资人都不看好的企业最后大获成功的实例不胜枚举，比如亚马逊、京东、腾讯、阿里巴巴……这些企业早期都受到过大多数人的质疑。当然，不少企业失败了，还有一些企业能否成功尚待验证。

这还涉及对互联网时代的企业增长逻辑、产品业务机会来源及模式的认知问题。认知差异会导致人们对互联网企业增长机会来源的判断不同。

工业化时代的规模经济是通过"产品品类丰富＋市场区域扩张"的模式来实现的。例如，可口可乐的发展可预测性比较强。

互联网时代出现了用户流量、数据资源等新型资源，商业逻辑发生了变化。规模经济来源除了原赛道的产品品类丰富和市场区域扩张外，还可以利用主业发展过程中积累的资源能力，衍生、裂变出支付、金融、科技等方面的增值产品业务，开发新的产品和收益来源，使企业成为一家产品服务多元化、收入来源多样化的生态型平台公司。

例如，亚马逊一开始只是一家图书电商，后来品类逐渐丰富，成为多品类电商。再后来，亚马逊原来基于提升内部运营效率和用户体验的云计算技术，转变为服务外部的基础技术，再加上自身有规模化的内部需求，给云计算产品提供了迭代升级的机会，使其产品更有竞争力。

再如，京东原本只是一家 3C 电商，后来扩展到销售全品类商品，并拥有金融、物流、健康管理等多产品业务板块。字节跳动从最初基于算法推送技术的今日头条，到如今拥有抖音、飞书等多元化产品及业务板块。

因此，在互联网时代，企业往往先从某个场景、入口切入，通过补贴用户和供应商等方式实现获客和用户留存，为后续销售增值产品提供用户基础。这些增值产品可能由企业自己开发，也有可能由外部企业开发，或者是合作开发，企业本身只是一个用户流量平台。

基于特定场景和入口的互联网创业型企业，也可以被纳入更大的互联网生态平台，比如被阿里巴巴、腾讯、字节跳动等收购，为生态平台贡献场景、技术和流量，同时接受大平台的赋能，其存活率会更高。

当然，互联网创业型企业后续有衍生、裂变的商机，或者被大的电商生态平台收购，只是一种可能的情况，并不确定，能否出现或实现需要验证，而验证则需要资本持续加持。有些生意，一开始就可以推断出是高风险的；有些生意，由于认知不足和信息匮乏，需要通过实践验证才能判断其风险高低。例如，资本支出不断增加，运营成本居高不下，用户黏性不够高，现金流平衡迟迟无法实现，资本就会失去耐心，不愿加持，或者大的互联网生态平台无意收购，这些自由现金流为负的创业型企业的经营就难以为继。近年来，一大批互联网独角兽公司的估值大幅缩水，甚至破产。

瑞幸咖啡在获取和沉淀的客户量足够大以后，就可以利用这个重要的资源去扩大交易边界，增加利益相关者，丰富产品品类和收入来源。

第一，与供应商谈判的地位大大提高，可以降低原材料成本。

第二，增加产品品类，可以推出自有品牌产品，比如瑞幸咖啡推出小鹿茶产品进军新茶饮市场；也可以引入其他商家的产品，或者创立联合品牌，甚至合资。

第三，开放平台，数据资源可以为第三方跨界引流，比如新增报刊零售等经营范围；智能数字化运营系统可以开放服务其他行业，扩大商业生态。

瑞幸咖啡客户量增长后，先后与路易达孚、雪莱、弗兰卡、莫林（MONIN）、悠诗诗、希杰、DHL、顺丰、百事、雀巢、恒天然、奥兰、中粮、伊利、蒙牛、好丽友、卡乐比等多家企业达成战略合作，缔结"蓝色伙伴"联盟，在咖啡配套、轻食、新茶饮与无人零售行业展开深度合作。

瑞幸咖啡经营的产品除了咖啡和饮品外，还涉及轻食、坚果、零食和其他周边产品。

瑞幸咖啡的商业模式缺陷四：瑞幸的梦想"从咖啡开始，成为每个人日常生活的一部分"不太可能实现，因为它在非咖啡产品方面缺乏核心竞争力。它的平台充斥着没有品牌忠诚度的机会主义客户。它的轻人工门店模式仅适用于生产已经上市 10 余年的 1.0 茶饮料，而领先的新鲜茶饮玩家在 5 年前就推出了 3.0 产品。

瑞幸咖啡的产品缺乏竞争力，应该是多方面原因造成的，其中有产品开发的方法论和商业模式的问题，可以通过优化商业模式来解决。

例如，瑞幸咖啡是否可以利用门店数量和客户规模的优势，收购提供领先的新鲜茶饮 3.0 产品的企业，或者获得产品配方授权，或者在自己的店面引入 3.0 产品，与新鲜茶饮玩家共同分享收益，关键是要做好利益相关者的交易结构设计。

至于瑞幸咖啡的平台"充斥着没有品牌忠诚度的机会主义客户"，这本质上还是产品问题，可以通过优化商业模式来改变。当初小米智能手机的销量在短短几年时间内呈爆发式增长，其用户也被认为是一群没有忠诚度的低收入机会主义用户，但小米通过提升产品品质并采用赋能交易模式，丰富了生态链智能硬件产品的品类，从而提高了用户留存率和忠诚度。

瑞幸咖啡的商业模式缺陷五：小鹿茶于 2019 年 9 月启动特许经营业务，但彼时并没有达到至少两家直营店运作满一年的要求。因没有按法律要求在相关机构注册，其特许经营业务面临很高的合规风险。

这不是商业模式缺陷，其合规问题并非一个严重的问题，完全可以解决。

浑水公司引用的报告中关于瑞幸咖啡商业模式的 5 个缺陷，其中有些缺陷并不是商业模式问题，由此得出瑞幸咖啡业务"基本崩溃"的结论比较武断。

做生意总是有风险的，新经济、新商业逻辑和新商业模式早期面临的风险更大，不可避免地会受到很多质疑，但也难以很快断言其会成功或失败，需要时间验证。实际上，报告指出的瑞幸咖啡 5 个商业模式缺陷中的前 4 个，同样符合当年还处于图书电商阶段的亚马逊和 3C 产品电商阶段的京东的情况，也符合 WeWork、优步、美团的情况。亚马逊、京东成功了，WeWork、优步、美团还处于验证过程中。此外，还有一些企业因资本加持终止而破产清算，没有机会进一步验证。

当然，不能因为亚马逊、京东成功了，我们就认为互联网电商的这套玩法普遍可行；也不能因为一些企业陷入困境，就否认这套玩法可行。互联网时代的商业逻辑确实与工业化时代有所不同。亚马逊、京东、美团、WeWork、优步等互联网企业，通过不同的服务场景切入现有行业，对其进行互联网改造，这种发展模式确实呈现了互联网企业发展的必然趋势。

成效维度：衡量参与方正向增长的各类指标

商业模式评估包括两大维度：成效评估和风险评估。其中，成效评估包括两个角度：企业角度和交易主体角度。

企业角度

企业角度的商业模式成效评估又包括 4 个角度。基于不同的角度，成效评估重点关注的指标不同。

一是竞争优势角度，关注非财务指标，比如客户增长率。

二是财务角度，关注财务指标，基于财务报表数据进行分析，包括以下指标。

（1）成长：增长率。

（2）效率：周转率、坪效等。

（3）效益：自由现金流、息税折旧摊销前利润率、息税前利润率、净利润率、投入资本回报率、权益净利率（净资产收益率）。

三是资本角度，关注投资价值指标，比如市值、市盈率、平均市净率等。

四是关注人生幸福角度，即关注投入时间、精力的幸福感收益。

企业角度的商业模式成效评估，与企业财务报表分析、投资价值评估相同。当然，企业成效受多种因素影响，商业模式只是其中一种重要因素。

此外，有些商业模式，大家会公认好或者不好；而有些商业模式，尤其是新商业时代的一些新模式，大家的评价则可能存在较大分歧，需要时间验证，比如瑞幸咖啡的商业模式。

交易主体角度

基于交易主体角度，主要评估特定交易主体是否获得与其资源能力及价值匹配的收入。例如，某创业板上市公司早期依靠大企业订单迅速成长，获得多轮融资，最终成功上市。为其持续提供大订单的客户当初没想到设置投资选择权，没能适时行权参股，分享资本溢价，最终没有获得应有的收入。因此，现在很多企业成立投资公司，参股上下游企业。

风险维度：密切关注现金流的缺口

商业模式风险评估的内容及影响因素

商业模式风险评估有助于减少重大损失。例如，企业在投资运营前通过预判商业模式风险，对商业模式进行调整和改善，或者直接放弃，这样就几乎没有损失；投资运营一段时间后，再研判商业模式风险，对其进行调整和改善，或者中止使用，这样损失较小；如果投资运营了较长时间，通过多轮融资获得数十亿元资金后，仍然没有形成可靠的商业模式，就会导致企业一直亏损，资金链断裂，进而破产，损失巨大。

商业模式风险可分为内在固有风险和规模扩张风险。例如，现在一些品牌奶茶店采用特许加盟模式扩张，授权方收取高额的加盟费、专用设备费以及原材料费，又不提供有效的经营指导，导致加盟商经营失败率高。那么，我们可以说这个商业模式的内在固有风险高，并且随着规模的扩大，企业持续经营的风险递增。因此，并不是企业的营业收入增长快、现金流充裕就可以高枕无忧。如果企业的商业模式本身存在重大缺陷，关键交易主体没有获得应有的收入，交易就难以持续。

商业模式风险评估的主要内容是经营风险和财务危机风险。

商业模式风险最终表现为现金流缺口得不到及时弥补，资金链断裂，经营不可持续。

当然，虽然初期业务亏损、现金流存在缺口，入不敷出，并不一定代表不可持续经营，关键要看业务发展过程中形成的资源能力能否产生第二产品、第三产品，能否增加业务及收益来源，以及能否持续获得外部资本加持，弥补现金流缺口。如果入不敷出的现金流缺口随着企业经营规模扩大而变大，资本持续加持的不确定性变大，那么这个商业模式的风险就很高。

商业模式风险的来源首先是经营风险，而导致经营风险的因素又分为企业内部因素和外部因素。

经营风险的外部因素很多，比如政策变化风险。例如，国家对K12行业的政策调整改变了教培行业的发展态势。

外部因素此处不多谈，我们重点讨论以下 4 个引发经营风险的内在因素。

第一个因素：产品缺乏竞争优势，或者价值空间太小。这里说的价值空间，包括直接价值空间和衍生的价值空间。

这个因素容易理解。产品缺乏竞争优势，客户不愿埋单，导致企业收入来源少；产品价值空间小，不能满足利益相关者的合理收益要求，交易自然难以持续。

第二个因素：利益相关者之间的收益分配不合理。

一种情况是，企业自身赚了钱，但其他利益相关者，尤其是最终创造收益来源的利益相关者没有赚到钱，交易就很难持续。

例如，在麦当劳兄弟采用特许加盟模式扩张前，很多餐饮企业就已经通过这种商业模式扩张，但加盟店数量从来没有超过200家。因为授权方为了在短期内迅速获得最大收益，就把加盟费和专用设备价格定得很高，但又不指导加盟商的经营，不承担加盟店的经营风险。加盟商投资了不少钱，但没有获得有效指导，80% 的加盟商起早贪黑也赚不到钱。授权方虽然在短期内赚了钱，但这种交易很难持续。

麦当劳兄弟的经营哲学是，特许加盟模式首先要让加盟商赚到钱。因此，麦当劳兄弟把加盟费减半，对专用设备也不收高价；同时，指导加盟商如何优化经营，按加盟店营业收入的 1.9% 收取指导费，一起承担加盟店的经营风险。

麦当劳兄弟的厚道做法，减少了加盟商的初期投入，而且赋能加盟商，降低了加盟商的经营风险，提高了加盟商的成功率：80% 的加盟商努努力就能赚到钱。结果，麦当劳兄弟的加盟店数量突破传统的 200 家上限，达到 500 家、1000 家……

另一种情况是，用户等其他利益相关者获得好处，但企业自身一直亏损，交易也很难持续。

例如，不少互联网O2O独角兽企业，为了增加用户数量和提升流量，持续大规模补贴用户和供应商，再加上运营成本高，造成企业持续入不敷出且现金流缺口变大，又得不到资本加持，最终陷入停业甚至破产境地。

第三个因素：交易风险管理无效。

交易风险管理无效包括经营风险和财务危机没有得到控制，交易主体的机会主义行为风险遏制无效。

经营风险与机会主义行为风险往往相互强化：经营风险高，会使交易主体对交易能否持续下去缺乏信心，加剧其机会主义行为风险，进一步增加经营风险。

企业对交易主体的机会主义行为风险管控不当，包括激励不当，会增加经营风险和财务危机风险（见下文YC公司案例）。

财务危机风险一方面是经营风险所致，另一方面是因为融资工具（股债结构）、期限和融资主体选择不当，比如短债长投，选择明股实债的财务投资人。

第四个因素：合规风险高。

这个因素也比较好理解。企业在经营过程中一旦有较高的合规风险，就会带来无穷的隐患，严重时可能面临牢狱之灾。所以，产品没有打磨好，就不要轻易推出；商业模式没有验证过，就不要轻易大规模复制和扩张。

商业模式风险动态分析

商业模式内外部风险因素分析属于静态分析，我们还要进行动态评估，即对利益相关者行为的关联反应及结果进行分析。

一是某个关键交易主体存在不当行为或者出现违约，其他交易主体可能会如何反应和采取行动？这会进一步引发什么样的经营危机和财务危机？

二是假如外部经营条件发生变化，比如政策发生变化，金融系统融资条件逆转，会对哪些交易主体产生什么样的不利影响？这会引发它们什么行为？这会进一步引发何种程度的经营风险和财务危机风险？

我们来看一个例子。为了缓解中小微企业融资难和融资贵的问题，许多民营商业担保公司成立了，其基本模式如图 8-2 所示。

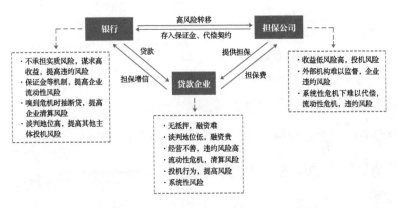

图 8-2　民营商业担保公司模式

这个模式的交易结构有 3 个主体：银行、担保公司、贷款企业。担保公司为贷款企业提供贷款担保，向银行交纳保证金，要求企业及实控人提供抵质押资产，并收取企业 2% 的担保费；银行则要求担保公司 100% 代偿。

我们可以推演这个交易结构的稳定性。如果担保公司担保的企业中有一家出现违约，而担保公司不能及时处置抵质押代偿，银行就会认为该担保公司流动性风险高，对其担保的其他企业减少贷款甚至停止贷款。此外，如果担保公司认为 2% 的担保费率太低，不能覆盖成本，可能就会进行一些高风险的投资。而担保公司一旦陷入财务危机，银行就会认为该担保公司很危险，进而认为由其担保的企业也不可靠，很可能就会抽贷甚至停止贷款，最终导致交易结构崩溃。实际结局是民营商业担保公司大部分陷入经营困境，遭遇财务危机。

实践：对瑞幸、YC 的商业模式的评估

瑞幸咖啡商业模式评估

·商业模式描述

瑞幸咖啡的商业模式如图 8-3 所示。

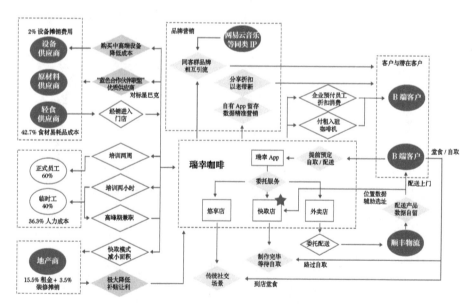

图 8-3　瑞幸咖啡的商业模式

描述一：经营活动及交易主体。

（1）产业链。上游方面，瑞幸咖啡与知名供应商，包括咖啡豆合作商三井物产、糖浆合作商法布芮、乳制品供应商恒天然集团、咖啡烘焙厂源友、咖啡机设备合作商雪莱和弗兰卡等建立"蓝色合作伙伴联盟"。同时，瑞幸咖啡牵手供应商路易达孚，自建咖啡烘焙厂，优化供应链管理。

（2）物流。瑞幸咖啡与顺丰合作，构建强大的物流体系。顺丰作为瑞幸咖啡企业 API 平台的首批战略合作伙伴，与瑞幸咖啡形成了深度合作。在外送服务的合作下，顺丰会机动配置不同数量的快递员以保证能及时交付，其平均配送时间为 18 分钟，显著低于瑞幸咖啡的竞争对手。

（3）营销。除了传统的广告营销外，瑞幸咖啡还设计了丰富的互联网营销方案。其中，瑞幸咖啡拥有自己的 App，能够留存用户数据并触达用户，推送优惠券，实现精准营销，吸引用户复购。此外，瑞幸咖啡还运用社交商业的逻辑，鼓励用户通过分享线上内容获得折扣，从而实现以老带新的社交网络营销，进一步增强获客能力。最后，瑞幸咖啡还与网易云音乐等面向同客群的品牌合作，联名打造音乐主题咖啡厅 IP，实现相互引流。

描述二：3 种网点。

瑞幸咖啡并没有模仿星巴克，而是希望打造一个新场景下的连锁咖啡店模式。从消费场景来说，瑞幸咖啡包括快取店、外卖店和悠享店 3 种门店。快取店位于咖啡需求量大的区域，比如办公楼、商业区和大学校园，可通过较低的租金和装修成本迅速扩张；外卖店只提供配送服务，面积较小，有助于扩大客户覆盖面；悠享店则面积较大，可满足客户的社交需求。其中，快取店和外卖店的数量占门店总数的 90% 以上。一方面，这使得瑞幸咖啡能够充分发挥店面的使用效能，节约其店面成本。另一方面，瑞幸咖啡的客户自提比例很高，物流成本持续降低，大大提高了高峰期的提货效率，可充分发挥店面产能，提高销量天花板。

描述三：资源能力。

瑞幸咖啡积累了优势资源能力，包括大量自营网点、自有App、供应链以及运营能力。

瑞幸咖啡是成长十分迅速的连锁咖啡店，其网点在数量规模、选址、直营等方面都具有一定优势。瑞幸咖啡第一家门店于2017年10月开张。自2018年起，瑞幸咖啡的门店数量开始呈现爆发式增长。大量的网点使瑞幸咖啡获取了巨量线下流量，同时提升了配送效率。除了数量优势外，瑞幸咖啡的网点还具有地缘优势与品控优势。瑞幸咖啡的店面大多靠近写字楼，地缘优势显著，便于扩展其他经营活动。

瑞幸咖啡的线上外卖业务主要依靠自有App和小程序，而非美团、大众点评等平台引流。这使瑞幸咖啡能够沉淀大量用户的消费数据，形成用户画像，便于动态调整折扣力度与营销方案，并指导下一阶段的产品设计。比如，自有渠道使其能够更加灵活地设计营销方案，实现更好的营销效果。

瑞幸咖啡拥有稳定的高质量原材料供应链，以及成熟的配送模式。具体而言，瑞幸咖啡携手雪莱、三井物产、恒天然等公司，组建了"蓝色合作伙伴联盟"，确保合作伙伴能稳定提供高品质的咖啡豆、咖啡机、牛奶、糖浆等物料。这保障了瑞幸咖啡品质的稳定性，是提高品牌口碑、培养客户消费黏性的关键。此外，瑞幸咖啡还拥有较为成熟的供应链库存管理和物流管理模式。丰富的门店网络、一体化的仓配以及物流服务体系使瑞幸咖啡能够在30分钟内完成派送，保证了外送咖啡的品质和客户体验。

瑞幸咖啡通过数字化手段赋能高效运营，利用强大的技术能力优化运营，降低成本。瑞幸咖啡利用大数据分析简化店面运营，优化劳动力管理，构建用户画像，改进产品服务；通过 App 提供 100% 无收银环境，优化用户消费体验，节省人力成本、时间成本和设备用房面积，提升现金管理和单店运营开支收益。

描述四：盈利模式。

瑞幸咖啡目前的盈利主要来自餐饮零售，包括咖啡、轻食、午餐、面包等品类。瑞幸咖啡通过兼顾便捷、品质和性价比的产品来吸引消费者。其优势在于能够将租金、装修费用节省下来补贴客户，以价格优势吸引客户。

· 风险评估

风险点一：国人咖啡消费习惯尚未养成，流水与盈利不匹配。

根据瑞幸咖啡的商业模式描述，其核心价值创造模型为"高运营效率 + 低附加成本转嫁 + 强数据化提高整体灵敏度"。这 3 项核心竞争力均在规模化前提下才能实现，需要巨量客户来支撑。具体而言，高运营效率的优势需要大量店面满负荷工作才能体现；低附加成本转嫁意味着薄利多销，需要巨量交易来支撑；强数据化需要海量客户的交易和评价数据，以产生数据挖掘价值。而瑞幸咖啡面临着客户咖啡消费习惯培养缓慢、中国人对咖啡的认同感低、支付意愿较差、存在茶饮等较多的咖啡因替代品等潜在需求风险，这会影响其客户增长速度、客户留存和盈利。

我们对瑞幸咖啡某快取店 2018 ～ 2019 年的交易进行了复盘，测算其财务状况，并进行敏感性分析，结果如表 8-1 所示。我们的测算数据主要来自瑞幸咖啡 2018 年年报、企业家公开演讲、相关研究报告以及抽样蹲点数据。

表 8-1　瑞幸咖啡单店盈利能力测算

单店盈利能力测算（按月）		
项目	金额	备注
装修费用	189000（元）	（1）以 50 平方米的快取店为典型样本，面积数据来自年报估算平均值；
咖啡机	116000（元）	（2）一次性投入包括装修费用、咖啡机及其他设备的费用，摊销按照 5 年折旧计算；
其他设备	50000（元）	（3）1 名店长月工资 1 万元，2 名店员每人月工资 5000 元，2 名兼职人员时薪 30 元；
一次性投入摊销	5917（元/月）	（4）每天单店销售杯数取 250 杯，略高于整体，2018 年和 2019 年第一季度平均日销杯数为 216 杯和 184 杯；
员工工资	34400（元/月）	（5）单杯可变成本包括原料费（营收 45%）、包装费（4.3%）、仓储费（4.5%）和从仓库到门店的运输费用（6%），约为 5.51 元/杯，不随客单价的提高而升高；
租金成本	15000（元/月）	（6）单杯价格并非原价，是按照招股说明书中"饮料收入/销售杯数"计算得出的（将让利考虑进去）。以 2019 年第一季度数据为例，361095÷（13077.2×3）≈ 9.20 元（2018 年第四季度的单杯价格约为 8.62 元）；
固定成本	55317（元/月）	（7）没有考虑销售及营销费用、管理费用、财务费用、店铺开业费用等；
单杯可变成本	5.51（元）	（8）收入仅包含饮品收入，未包含轻食小吃；
可变成本	41335（元）	（9）单因素盈亏平衡点：单杯价格不变，日单店销售杯数达到 500 杯才能实现盈亏平衡；单店销售杯数不变，单杯价格须提高到 12.9 元才能实现盈亏平衡；
收入	69000（元）	（10）双因素盈亏平衡点：开业 9 个月基本能实现每日 370 杯的销量，此时单杯价格提
当前单杯价格	9.2（元）	高到 10.5 元即可实现盈亏平衡。

　　根据测算结果，以 50 平方米的快取店为典型样本计算单店盈利能力，典型的瑞幸咖啡单店 2018 ～ 2019 年未能实现盈利。其中，盈利＝收入－成本＝销量×单价－销量×单杯可变成本－固定成

本 =69000-41335-55317=-27652 元。

瑞幸咖啡无法实现盈利的原因之一是，为了让利，导致单杯价格过低。瑞幸咖啡的单杯成本仅为 12.9 元，相较其他品牌的 22 ～ 24 元，其成本已大大降低，但须提价 40% 才能在当前销量下实现盈亏平衡。根据双因素盈亏平衡分析，瑞幸咖啡单店开业 9 个月可基本实现 370 杯日销量，如果单杯价格能提高到 10.5 元，即可在开业 9 个月实现盈亏平衡。

瑞幸咖啡无法实现盈利的另一个原因是，仅依靠咖啡业务，盈利空间太小。按当前客单量和门店销量特征，瑞幸咖啡仅靠咖啡业务无法回收投资，如果考虑轻食等其他产品的利润，可以将回收期缩短为 12 年。此外，瑞幸咖啡客户月均复购 3 杯，不足以支撑其单店达到盈亏平衡。在单杯价格不变的情况下，客户月复购须达到 10.7 杯才能实现盈亏平衡。根据我们对其 2018 ～ 2019 年现金流的测算，瑞幸咖啡单店亏损将加剧扩张期流动性问题，几个月后或陷入财务危机。

风险点二：瑞幸咖啡扩张的压力大，但价格与补贴的调整空间有限。

瑞幸咖啡从创立到上市仅用时 17 个月，在快速上市的背后，扩张过快带来了极大的现金流风险。事实上，瑞幸咖啡已经意识到现有的现金流不足以支撑这么高的补贴力度，但提高客单价的尝试须匹配客户消费习惯的养成。瑞幸咖啡 2018 年曾提价失利，导致客户流失严重。培养客户的消费习惯与让其接受价格的提高都需要时间。

风险点三：各个业务领域的竞争较为激烈。

在咖啡市场，瑞幸咖啡面临中国咖啡市场和咖啡替代品市场的双重竞争。其中，中国咖啡市场的竞争日益加剧，各便利店品牌和餐饮巨头也在强化或推动咖啡业务的布局。例如，全家便利店推出了风格、装修类似咖啡馆的"湃客咖啡角"，打造"外带＋到店享用"的复合式场景；连锁餐饮企业百胜中国宣布将进一步加码咖啡业务；速溶咖啡生产商雀巢低调上线办公室咖啡馆，瞄准了现磨咖啡市场。此外，茶饮业务重回投资热点，下游需求持续增长。目前奶茶行业已完成初步整合，市场下沉力度优于精品咖啡。新式茶饮持续升级，消费者对奶茶饮品的接受价格高于预期，这也会对瑞幸咖啡的市场抢占造成压力。

综上所述，瑞幸咖啡快速扩张确实存在风险。其降低经营风险和财务危机风险的策略如下。

一是放缓店面的扩张速度。根据我们对瑞幸咖啡数据的测算，若其仍以一个较快的速度扩大门店规模，其扩张步伐与当前单店亏损、门店资本支出、销售／管理费用支出不匹配，未来一两年或有资金链断裂的风险。

二是为实现开店规模优势，探索新的经营活动和盈利来源迫在眉睫。基于大量优质的网点，瑞幸咖啡可以开发适合中国都市白领群体的多样化饮食产品。目前除咖啡外，瑞幸咖啡已先后布局轻食、BOSS 午餐，并进一步扩大 SKU（Stock Keeping Unit，库存量单位），试图通过"咖啡＋轻食"的模式突围咖啡市场。其产品在咖啡的基础上增加了色拉、NFC 果汁、面包、蛋糕等品类，还引入了饼干、手卷、拌面等新品类，这是在轻食细分领域的产品强化。

"独角兽"YC 公司为何轰然倒地

商业模式案例

YC 公司于 2012 年成立，短短几年时间便成为国内医疗领域的独角兽企业。

YC公司希望依托大城市知名三甲医院及医生资源，提升县级二甲医院的医疗能力，拓展服务地域；借助融资租赁公司，帮助县级二甲医院改善硬件环境，实现国家提出的"大病不出县"的目标，并减轻老百姓的医疗费用负担，解决老百姓看病难、看病贵的难题。

它们在全国县市级公立二甲以上医院建立远程会诊中心（会诊基地）1000余家，合作医院2000多家，合作卫生院、卫生室3万家，合作药店1万家；在全国拥有3500名区域医疗专家、2万名线上合作医生；2016年完成阅片会诊量20万例、手术10万台；收入60亿元，缴纳税收6亿元。

好景不长，自2017年上半年起，YC公司开始出现资金问题，一些代理商要求退还加盟费。

从2018年1月开始，YC公司停发工资，员工成批离职，资产被法院强制执行，诉讼案件铺天盖地。

为什么之前被看好的医疗独角兽企业会这么快轰然倒地呢？我们从商业模式风险角度来予以剖析。

YC公司的商业模式如图8-4所示。YC公司在全国各地招募代理商，由代理商拿单，主要是和县级公立二甲医院签订医疗服务合同，为其提供医疗设备和专家服务。YC公司从医疗设备厂采购设备，再加价卖给融资租赁公司，而融资租赁公司又把设备出租给县级公立二甲医院。同时，YC公司与北京同仁医院、北京阜外医院等三甲医院签订协议，由这些医院为县级公立二甲医院的患者提供远程会诊、飞刀服务，并帮忙培训县级公立二甲医院的医生。县级公立二甲医院通过提供医疗服务获得收益，支付设备租金。租赁到期后，设备归医院所有。如果医院收益少，不足以支付设备租金，则由 YC 公司垫付。

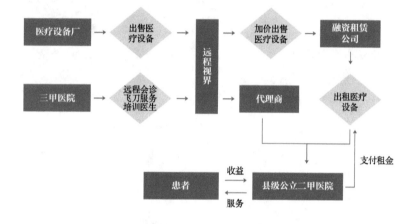

图 8-4　YC 公司的商业模式

该商业模式的收益分配为：三甲医院、县级公立二甲医院、融资租赁公司和 YC 公司各分得 25% 的收益，然后 YC 公司再分一部分给代理商。

YC 公司的收益来源主要包括设备销售差价、代理商的代理费、耗材供应和县级公立二甲医院科室运营收入分成；成本和现金流出方面的费用包括三甲医院的合作费用、远程医疗的运营费用、区域代理商的分成、市场营销费用、垫付的融资租赁款。

我们再来分析各交易主体的经营风险来源，以及该商业模式存在的问题。

第一个交易主体：医疗设备厂。

YC 公司与医疗设备厂签署设备购买协议后，先支付 50% 的货款，其余货款在设备发货时支付。医疗设备厂不承担县级公立二甲医院的经营风险，但面临设备的部分应收账款回收风险。

第二个交易主体：代理商。

YC 公司采用区域代理方式，在全国各地筛选有医疗资源的医疗器械公司、医药代表等 4000 多个代理商。代理商享有当地的代理权，收入主要来自以下两部分。

一是每成功签约一家县级公立二甲医院的设备租赁合同，就获得签约设备金额 2% ～ 5% 的返点奖励。

二是参与县级公立二甲医院的远程医疗项目，获得运营收入12.5% 的分成。

部分代理商交了代理权费后，为了获得更多签单奖励，会追求签单数量和金额最大化，对县级公立二甲医院的还款能力把控不严，也没有结合科室的实际需求、投入产出比来购置设备，让医院承受了比较大的还款负担，甚至还出现配合县级公立二甲医院负责人粉饰报表、虚增收入的情况。代理商并不承担县级公立二甲医院的违约风险，其上述行为会使县级公立二甲医院和 YC 公司的经营风险和财务危机风险随着规模的扩大而增加。

第三个交易主体：融资租赁公司。

YC 公司与近 50 家融资租赁公司展开合作。YC 公司购买设备后加价卖给融资租赁公司，由后者出租给县级公立二甲医院。这里存在的问题是，部分融资租赁公司认为县级公立二甲医院的信用等级高，不会违约，所以对尽职调查流程把控不严；而且，在租金支付方面没有考虑县级公立二甲医院专科收入的期限结构，采用普通的等额支付，而不是先少后多的支付模式。这增加了融资租赁公司自身、县级公立二甲医院以及 YC 公司的经营风险和财务危机风险。

第四个交易主体：三甲医院。

三甲医院为业务背书，提供现场诊疗和远程会诊服务，处于强势话语权地位。它们一旦担心自己的声誉受损，就可能会单方面终止合作。

第五个交易主体：县级公立二甲医院。

部分三甲医院无法快速提升县级公立二甲医院的诊疗能力，导致不少县级公立二甲医院专科运营收入增长缓慢，再加上设备租赁金额较大，租金支付能力不足。

第六个交易主体：YC公司。

虽然YC公司财务报表上有设备加价的收入和10%左右的税后净利润率，但现金流缺口可能会随着设备销量增加而变大。由于部分县级公立二甲医院的科室收入不足以支付租金，YC公司垫款代偿的租金越来越多，必须靠新设备销售收回的现金来维持公司运转。一旦销售步调放缓，YC公司的资金链很容易断裂。此外，县级公立二甲医院违约后很难追责。

总体来说，YC公司的商业模式存在的问题主要是：YC公司缺乏风险评估和管理能力，对代理商的激励强度高，但缺乏对其责任与风险承担的约束，对其机会主义行为风险遏制不当；由于代理商、三甲医院等多个利益相关者的收益分配和风险承担不匹配，再加上经营风险分配不当，YC公司承担了大部分经营风险，导致自身现金流缺口随着业务规模的扩大而显著变大，经营风险和财务危机风险也随之递增。

 **拓展思考**

你认为YC公司的商业模式应该如何改进？

第 **9** 章

管理方式变革：
基于商业模式思维解决企业内部难题

在传统企业管理模式中，不管是职能部门本身还是各部门之间的关系，都很容易僵化。通过在管理中运用商业模式思维，将交易机制引入企业内部，就能充分释放企业内部蕴含的活性。让各部门和员工都成为交易主体，他们就会展现出强大的自驱力。

我们研究商业模式十几年，发现很多企业内部出现的问题，表面上看是管理问题，但细究起来，其实是商业模式问题。因为组织管理本身也是一系列活动，涉及企业内部的业务部门、职能部门、管理部门、服务部门、分 / 子公司及员工，本质上也存在交易。从商业模式的角度来看，如果改变企业内部经营活动、管理活动的交易结构，原来一些管理难题就可以迎刃而解。

本章从商业模式视角出发，重新审视企业内部的管理问题。

关系变革：将员工变为交易主体

好的商业模式能用二流管理做出一流业绩。

我们先来看一个具体的案例。

商业模式案例

有个小伙子在意大利留学时，发现意大利的冰激凌很好吃。回国后，他就创业做起冰激凌生意。

他到全球最佳产地采购食材，生产纯天然、高品质的意大利式冰激凌、蛋糕等产品，专门供应给星级酒店、高级西餐厅、咖啡厅等。

但他没有管理过企业，一开始按常规做法成立了生产部、销售部、客服部、物流配送部和财务部，结果在经营过程中遇到很多管理难题。

如何解决销售部的管理难题

为了激励销售业务员多拓展客户，他采取按销售额提成15%的激励策略。他认为，这个提成比例比较高，应该会有好的激励效果。然而，时间一长，他发现销售业务员竟然帮客户压价。例如，公司报价90元，但销售业务员会找各种理由帮客户压价，最终以80元成交。这样销售总额虽然增加了，但公司的利润会减少。此外，销售业务员还通过延长客户的付款账期来增加销售额，导致销售额越多，公司被占用的资金就越多，增加了公司的资金压力和风险。

他为此很恼火，认为销售业务员有问题，需要加强管理，比如增加销售回款考核指标，但仍不见效。后来，他仔细思考，发现问题根源出在自己设计的公司与销售业务员的交易方式上。比如，如果按照100元成交，销售业务员分到15元，公司分到85元；如果按照80元成交，销售业务员分到12元，公司分到68元。显然，按照100元成交和按照80元成交，对销售业务员来说，他们的收入只差了3元，而低价更容易获客。

如何改变公司这种不利局面呢？

小伙子进一步反思员工为什么需要被管理。

员工处于被管理的地位，是由劳资关系决定的，但人们往往不愿意被管理。每个人都可能采取机会主义行为，选择对自己有利的方式，一有空子就想钻，甚至不惜损人利己。

那么，谁不需要被管理？老板。小伙子恍然大悟：那就让销售业务员自己当老板。老板与老板之间不是管理关系，而是交易关系，那就以交易取代管理。这实际上是把劳资关系转变为市场化交易关系。

于是，他重新设计了交易方式，让每个销售业务员成立个体企业，双方进行市场化交易，开票结算。公司不再给销售业务员发工资，而是以固定价格把产品批发给销售业务员，销售业务员先付款后提货，可以自行确定卖给客户的价格，从中赚取差价，但自己要承担其他成本，包括缴纳社保、个税等。这种化劳资关系为市场化交易关系的模式如图9-1所示。这样一来，收账风险由销售业务员承担，公司的坏账为零。利用这种交易方式后，能力强的销售业务员每月收入从几千元变为十几万元。

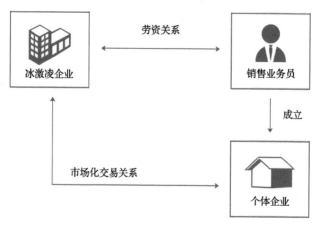

图 9-1　化劳资关系为市场化交易关系的模式

如何解决客服部的管理难题

客服部存在的问题是：客服在与客户交流时态度不稳定，非工作时间经常无法接听电话和处理客户订单。

公司同样可以化管理为交易，改变与客服的交易方式：把处理客户订单金额的1%作为客服的收入，公司不再给客服发放工资、奖金和加班费。客服部化管理为交易的模式如图9-2所示。

这样一来，客服即使在家也会随时处理客户订单，而且态度良好。

图 9-2　客服部化管理为交易的模式

如何解决配送环节的管理难题

该公司一开始按照常规做法，由公司买车、雇司机来负责送货和装卸，司机的收入由按时间计费的工资和一部分加班费构成。这样的话，司机为了多拿加班费，往往会故意拖延时间；不注意车辆保养，经常造成车辆损坏，司机报销的维修费也很难监控其真实性；部分司机还会经常出现偷汽油的情况。

如何解决这个管理难题呢？

其实，还是和解决销售部、客服部的难题一样，化管理为交易，让司机自己当老板。

公司贷款给司机买冷冻物流车，让每个司机成立个人独资企业，然后由个人独资企业开增值税发票给公司进行结算。同时，司机的收入不再按时间来计费，改成按配送次数付费。油费、维修费、车辆折旧费由司机承担，折算到每次的配送费用中，3 年后车归司机。配送环节化管理为交易的模式如图 9-3 所示。

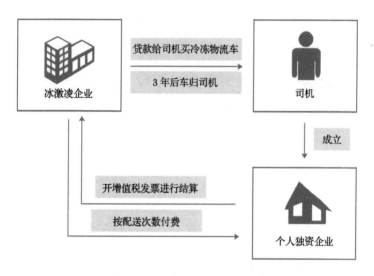

图 9-3　配送环节化管理为交易的模式

改变交易方式后，司机的配送效率从每天 6～8 次增加到 15 次。司机的收入倍增，3 年后还可以额外赚回一辆冷冻物流车。这无论对公司还是司机来说，都是一笔好买卖。

我们经常看到很多企业的技术条件好、产品好，却在内部管理上遇到难题，看起来是因为管理有问题，实际上是因为商业模式出了问题。

面对管理难题，企业可以考虑构建一个好的商业模式。比如，公司拿固定收益，员工拿剩余收益，这样员工才更有动力，而公司也大大降低了监督成本。

越来越多的企业开始采用这种化管理为交易的模式，即企业针对销售、物流、后勤服务等环节的员工的管理，从监督激励管理方式转化为资源能力交易方式。

商业模式案例

物流公司传统的经营模式是，公司买车，雇司机，然后根据工作量向司机支付报酬。由于车不是司机的，司机对车辆的维护就不上心，甚至可能会用车谋取不当利益，比如虚报汽车维修费、加油费等。

一些物流公司就调整了与司机的交易方式：让司机成立个体企业，自己买车，然后公司租用司机的车并支付租金。如果司机手里的钱不够买车，物流公司可以提供贷款。然后，物流公司把货单卖给司机，按业务量向司机支付报酬。

上述案例中，物流公司与司机之间调整后的交易方式就是买卖交易。物流公司不用给司机缴纳五险一金，也不用承担购车费用、汽车维修费用以及加油费用，大大降低了运营成本。车是司机自己的，司机收到的是业务收益，可以按个体企业的低税率纳税。这样既可以增加收益，又可以合法降低税赋，因此司机的积极性、责任心大大增强。如此一来，物流公司在雇佣交易方式下面临的管理难题也得到了有效解决。

拓展思考

很多公司都会面临内部的管理难题，比如采购员会提高采购价，销售员掌握了客户资源后，会偷偷卖别的公司的产品，或者要求公司涨工资。比如，有些长租公寓的销售员会和房东合谋抬高房租，从而与房东分成获利。这种情况如何避免呢？

激活组织：通过角色转换发现更多资源

"激活组织"是一个比较热门的话题。从商业模式视角来看，激活组织的一个重要举措，就是改变交易主体的角色及交易关系，激发其主动性、合作意愿和创新动力，让其敢于接受挑战，为公司增加收益，并分享应得的收益。

我们在第2章提到，交易主体有4种角色类型，包括业务主体、劳务主体、投资主体和政府部门。每个交易主体通常扮演一个角色，但实际上，交易主体的角色并不是固定不变的，而是可以转变和组合的。

之所以需要进行角色转换，是因为多了一种角色就意味着交易主体发现了一种新的资源，可以产生新的交易机会，增加收益来源。

海尔：化劳务交易为"业务 + 投资交易"

商业模式案例

海尔创立了"海创汇"这一服务于创客（具有创新理念、自主创业的人）的业务板块，如图9-4所示。

创客工厂HOPE平台对接了2万多家供应商资源，以海尔的3万家专卖店、14万家微商为渠道，为小微企业提供多项服务，包括采购、产品设计、批量生产、供应链管理等。

创客金融携手多家风投机构对小微企业投资。

创客空间为小微企业提供办公场地、路演空间。

创客学院通过举办训练营提升创客素养，通过举办创客大赛吸引全球创业者成为"海尔小微"。

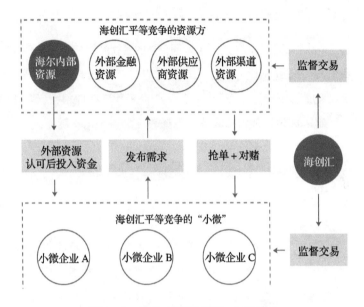

图9-4 海尔"海创汇"业务板块

　　小微企业如果有需求，可在海创汇平台发布，资源服务商可抢单竞争。

　　资源服务商和小微企业采用对赌收费模式，小微企业如果缺少资金，可以承诺后期加倍付费，双方在海创汇平台的监督下交易。技术服务提供商可以按技术服务入股小微企业。

　　海尔还对满足条件的小微企业给予孵化投资，配合小微企业的发展过程，分别对应提供基本酬、对赌拐点酬、对赌超值酬、对赌股权等激励。海尔可以在小微企业达到某个节点目标后跟投。

　　此外，海尔还为小微企业提供咨询服务，涉及法律、人力资源、财税等非主营业务。

王品：化劳务交易为"劳务＋投资交易"

喜欢吃牛排的朋友可能听说过中国台湾的餐饮品牌——王品。

我们知道餐饮想做好，除了口味好以外，团队的服务水平也是一个重要的影响因素，然而，餐饮行业的人员流动性很大，员工队伍不太稳定。如何才能留住人才，保证较高的服务水平呢？

商业模式案例

王品创始人戴胜益想出一个模式，把员工变成了投资人。他规定，每家店74%的股份可以先由主厨、店长及其以上的主管来出资认购，剩下的26%再由他来出资。每家店的财务比较透明，每个月会拿出23%的利润来分红，并且给所有底层员工发奖金。王品模式如图9-5所示。一般来说，王品店长的收入是麦当劳经理的2～3倍。

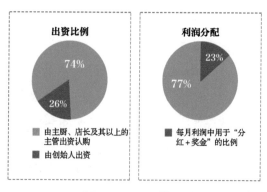

图9-5 王品模式

这种模式在劳动交易的同时增加了投资交易，让主管变成了投资人，提高了员工团队的凝聚力和积极性。

这种模式已经被越来越多的企业采用，比如碧桂园的"同心共享"计划，万科、新希望集团的事业合伙人机制。企业采用这种模式就是为了增强"管理层员工"的主人翁意识，实现提高员工积极性的目标。

商业模式案例

碧桂园曾在 2012 年推出过"成就共享"的激励计划。据说，该激励计划推出后，当年就有一个区域总裁获得 8000 万元的收入。在"成就共享"的激励下，碧桂园 2013 年的销售额翻了一番，达到 1000 亿元，开始迈入千亿俱乐部。

碧桂园 2014 年推出的"同心共享"激励计划是"成就共享"激励计划的升级版。也就是说，碧桂园的员工可以出钱跟投项目，在项目结束后，可以获得超额的利润分红。

碧桂园的"同心共享"激励计划主要针对"管理层员工"，要求总部的关键员工和区域的关键员工必须跟投。据说，2016 年，碧桂园有 6 个大区的区域总裁收入过亿，几十位项目总经理收入过千万。

碧桂园前 CFO 吴建斌说，碧桂园的跟投制度让公司老板与关键员工的关系突然发生了重大变化：他们不仅仅是老板和员工的关系，也是大老板和小老板的关系。这让碧桂园此后 3 年的业绩呈现爆发式增长，2017 年销售额达到 5508 亿元，成为全国地产商销售冠军。当然，这种强激励方式如果不加以约束，也有可能导致短期行为的出现，一旦忽略了产品品质，最终会损害公司的品牌和价值。

拓展思考

你所在企业内部交易主体的主要角色是什么？你认为应该如何通过转变内部交易主体的角色来优化内部交易方式、激活人才？

实践：中通、新奥等企业如何激发个人活力

中通快递的商业模式升级与低成本竞争优势

中通快递是国内快递业头部阵营"四通一达"中成立最晚的一家，但其业务量、市场份额、利润、毛利率等多项指标目前位居行业第一。

中通快递的企业定位也是电商快递服务商，目标市场及客户是电商网购市场及商家。

由于电商商家对快递服务的需求基本上无差异，且对价格敏感，快递公司的经营策略相同，即低成本、高性价比。低成本才能形成"业务量增加→规模效应→成本降低→业务量增加→规模收益递增"的良性循环。

如何实现低成本呢？

这需要分解成本构成项，分析成本项的成本因素及趋势，找到降低成本的方法。

成本项一为分拣转运中心，成本因素包括场地费用、设备费用、员工薪资、包装耗材费用及其他费用。它是快递转运的必要设施，成本趋势是上涨的。

分拣转运中心有两种投资及营运模式：一是租赁设施，减少现金流一次性投入，可以缓解资金压力和外部融资需求，避免股权稀

释；二是自购土地、自建设施，可以抵御分拣转运中心租金长期上涨的威胁，但这需要外部融资，会造成股权稀释。

股权占比高低只是衡量创始股东价值的一个因素，还有一个重要因素是看企业价值总额的高低。股权稀释如果能够抵御租金上涨的威胁，让企业保持低成本优势，则有助于增强企业竞争优势，提升企业价值，最终创始股东的股权价值总额会增加。

成本项二为收件网点，成本因素包括场地租赁费、员工薪资及其他费用，成本趋势是上涨的。企业可以采用加盟和直营模式。在资金、管理能力不足的条件下，服务业企业包括快递公司都会采用加盟模式。中通快递最初也采用众创、众包、众筹、众扶的乡亲加盟模式，依靠亲情、友情、乡情来投资运营网点，实现区域网络扩张。

中通快递率先对原来的网点加盟模式进行了优化，改变网点之间的交易定价方式，于2007年最早推行有偿派送，解决了常规派费互免带来的利益分配不合理问题——亲乡邻，明算账。

随着业务规模扩大，区域加盟商规模越来越大，出现了一些与公司发展不一致的诉求和行为。

中通快递就对区域加盟商进行全网一体化整合，公司创始人及核心股东出让45%的股份，收购置换区域加盟商的权益，将多个利益主体转变成一个利益主体，形成分布式多中心网络结构。

随着业务规模扩大，快递员数量显著增加，中通快递又面临新的问题，即员工积极性不足、员工流失率高，导致组织管理成本上升。

中通快递就调整了与员工的交易关系，实行内部分层级红利共享，给予员工多种形式的福利、职业发展和权益保障。近年来，中通快递又丰富了与员工的交易内容。中通快递利用平台的资金、技术、数据资源、管理经验等优势，通过建设中通大学，赋能基层网点和员工，提高其能力和收益。

跨省区专线运输是长距离快件运输的必备之需，其成本构成包括购买车辆、雇司机、油耗、维修、保险等费用。企业通常以自建车队为主，同行采用外包方式，中通则采用自营模式，但又不是全资成立内部业务部门，而是公司管理层员工与司机共同投资入股购买干线运输车辆，员工按级别和贡献投入几万元到几十万元不等的资金，成为运输公司的股东，享受超过 20% 的年收益率，公司则不控股。这增加了司机的收入而不是外包运输业主的收益，把外包采购交易转变为企业内部购买服务交易。

中通快递还率先使用电子运单，提升客户体验，提高业务的自动化、智能化、数据化程度，减少人工成本；优化与网点及快递员的交易模式，采用扁平化组织模式，减少中间层级，使得管理人员数量减少，管理成本大幅降低。

新奥集团：化科层制管理为"自驱体＋战略投资人"交易模式

企业发展到一定规模，往往会出现"大企业病"，突出表现在以下方面。

首先，决策迟缓。 最下层的成员企业或子公司发现预期外的市场商机后，需要层层上报、层层审批。迟缓的决策不仅严重影响了客户体验，更重要的是难以快速响应客户和市场的变化，导致竞争性客户流失。

其次，存在部门墙。 企业经营涉及产品开发、市场开发、制造、运营维护等多个环节，每个环节都有各自的 KPI（关键绩效指标）。在传统的科层制下，部门间的交流需要经历双向的上传下达过程，需要各个部门领导进行大量的统筹协调，导致会议繁多、沟通不畅，而且部门之间的利益冲突时有发生。特别是在推动创新方面，各部门可能因其与自己的 KPI 无关或者存在利益冲突，配合的动力减弱，大大降低了企业运营效率和创新所需的协同合作效率。

新奥集团成立于 1989 年，核心业务包括能源服务和家庭生活服务两大板块。能源服务业务最初是售卖液化石油气，如今已形成贯通下游分销、中游贸易储运和上游生产开采的完整清洁能源产业链。此外，新奥集团借助大数据、互联网等先进技术着力打造泛能网络平台，引领数字能源发展。

新奥集团的能源服务业务覆盖我国 20 多个省、自治区、直辖市的 200 多座城市，以及东南亚和南亚、非洲、北美洲、大洋洲等地区。新奥集团现有员工 4 万多名，年营收超过千亿元，旗下拥有新奥能源等 4 家上市公司。

新奥集团在 2014 年以前实施过以下 3 次管理变革。

1996 年，新奥集团实施第一次管理变革，建立现代企业管理制度，脱离小作坊模式，各部门、各员工的权责利得到初步界定。

2004 年，新奥集团依托信息化技术实施第二次管理变革，基于商业模式、价值链和业务，通过商务软件和规范化的能源行业解决方案，实现了客户流程优化和业务实时监控。这次的管理变革和大多数企业的信息化建设一样，提升了新奥集团的管理效率。

2007 年，新奥集团引入平衡计分卡等绩效考核方式，结合自身实际建立市场与战略绩效管理体系，开始第三次管理变革。与众多大企业类似，这次管理变革的核心是建立 KPI 绩效考核机制，将集团战略目标层层细化，转变为每个员工的工作目标并加以考核，以此增强企业战略与员工的连接。

新奥集团的 3 次管理变革都是在努力提升效率，还没有上升到经营活动和管理模式变革。这些管理变革虽然使整个体系中的信息传递更加迅速、集团战略目标更加清晰，但整个集团的科层制管理体系并没有发生根本变化，企业管理仍然采用科层制模式，其决策迟缓、存在部门墙、上下博弈等"大企业病"越来越突出。

新奥集团在面临内部诸多管理难题的同时，外部环境也发生了变化，市场、政策和竞争环境变得越来越复杂。以能源服务为例，以往客户只需要天然气服务，现在则需要天然气、液化气、电、煤等综合能源服务，且每个项目都需要根据客户的需求因地制宜，其操作不具备可复制性。

后来，新奥集团再次进行管理变革，期待通过打造"自驱体＋战略投资人"模式进行管理模式重构（见图 9-6），实现企业长久健康发展。

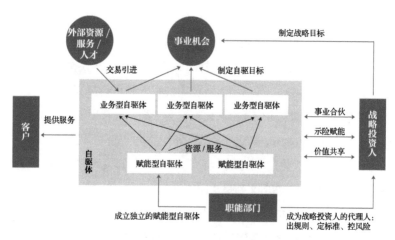

图 9-6　"自驱体＋战略投资人"管理模式框架

· "自驱体＋战略投资人"模式

"自驱体＋战略投资人"模式的管理重构就是通过交易设计，尽量用交易模式替代企业科层制管理。这是指企业集团与原来的分公司、子公司或项目部门之间的关系不再是上下级关系，而是战略投资人和自驱体之间的事业合伙关系。

自驱体在战略投资人设置的战略目标下发现商机，随后战略投资人通过注入资产和品牌等对自驱体进行投资，二者共担风险，共享收益。

自驱体分为业务型和赋能型两类。业务型自驱体基于事业机会（商机）而成立，没有一个严格意义上的上级，如同一家创业公司，对投资人的投资负责，对客户和发展机会负责，最终自己享受经营成果。

赋能型自驱体就是掌握后台资源（比如法务、财务、人力、工程建设等方面的资源）的职能部门。赋能型自驱体与业务型自驱体类似，也是自我经营的独立个体，只不过其客户是集团内部的业务型自驱体，其为客户提供法务、财务、人力、工程建设等方面的资源和服务，而这些资源和服务同样是以交易的方式完成，每个自驱体自负盈亏、自主发展。

在这个模式中，以往掌握后台资源的职能管理部门既转变为多个独立的赋能型自驱体，又成为战略投资人的代理人，承担制定战略目标、与自驱体谈判组织规则、进行过程风险控制等一系列任务。因此，战略投资人是一个多组织联合体而非单个个人，其中有负责洞悉市场、制定企业战略目标的研究与战略机构，有审议各个自驱体商业计划书并进行条款与规则谈判的投资机构，还有监督自驱体发展过程、负责清退的风控机构。

· 事业机会——自驱体的组建

在新奥集团的经营业务中，事业机会的来源有两类：一类是已经制定的战略目标，即战略投资人首先研究制定的企业发展战略和各项战略目标；另一类是前端部门或员工对客户需求的洞察，即市场商机。无论是哪一种来源，战略投资人都会提出资源边界和共享规则以及竞标人所需各项数据，此时会有一位或多位自驱体领头人率先"揭榜"，提出超越战略目标的自驱目标并提交商业计划书。不同自驱体领头人公开、公平地竞争事业机会，随后战略投资人会评估其商业计划书并选出竞标胜出者。竞标胜出后，自驱体领头人会建立基于该事业机会的自驱体，最终战略投资人与该自驱体签订事业共担、价值共创、收益共享的"三共备忘录"，明确资源配置和价值分享规则。

我们可以看到，自驱体是基于事业机会成立的。在整个过程中，自驱体和战略投资人不博弈战略目标，但会博弈战略路径；不博弈经营过程中的绩效指标，但会博弈资源配置和价值分享规则。因此，自驱体在组建时就被赋予明确的自主性，即自定目标、自我经营、自主创新、自我激励、自我成长。

此外，由于自驱体基于事业机会自主运转，首先必须服务好客户，为客户创造价值。因此，自驱体的建立必然覆盖整个业务链条，不是单纯的一个业务部门或仅包含一个工序工段。以新奥集团能源服务业务为例，自驱体团队包含市场开发（招投标）、现场施工、运营管理等各类员工，只有整体运转良好，才能为客户创造价值，从而让客户买单，实现盈利。由此，科层制管理体系存在部门墙的问题也可以被业务型自驱体较好地化解。

· 事业合伙——自驱体和战略投资人的关系

在科层制管理体系中，部门员工和领导之间是上下级关系，而在新奥集团的模式下，自驱体和战略投资人是合伙关系。自驱体成立时，战略投资人和自驱体团队（以资金、技术、人力、品牌等多种形式）共同出资，均占有股份，从而打造利益共同体，实现事业合伙。其中，自驱体的核心团队内部跟投 1% ～ 10% 的股权，并由战略投资人决定哪些核心领头人必须投资以及投资的份额；此外，还留有10%左右的股权用于核心团队自行设计方案激励下级员工。

由于事业合伙关系的建立，战略投资人不再是自驱体的老板，自驱体的决策不必层层上报、层层审批，而是根据事先制定好的资源配置规则，从战略投资人处获取资源，自主决策。战略投资人在自驱体发展的过程中也不是扮演决策者、审核者的角色，而是扮演监管者、赋能者和激励者的角色。

事业合伙的机制也促进了多级自驱体的裂变。新奥集团诸多大自驱体会由于市场机会的出现而裂变出更多小自驱体。在这个过程中，大自驱体就成了小自驱体的战略投资人，必须参与跟投，从而确保风险共担、利益共享。

· 资源交易——用交易替代管理，驱动资源高效利用

在科层制管理体系中，资源的分配往往是中央集权式的，由管理部门根据预算进行调拨和分配，资源的价值没有被定义，资源的配置规则往往由领导决定，资源甚至要依靠前端业务部门和后端职能部门的人情、面子才能获得。资源配置通过管理落实的模式是资源无法被高效利用的一大关键因素，因为所有部门都希望获得更多资源。

在新奥集团"自驱体+战略投资人"的模式中，对战略投资人而言，资源交易的实质仍然是为了赋能，但自驱体获得资源是通过交易的方式，自己为资源埋单。在这个模式中，市场交易为主，行政配置为辅，资源的交易规则和价值都有清晰的定义。新奥集团将内部资源分为3类：第一类与外部市场的资源类型完全相同，比如法务、工程建设方面的资源，采用完全市场化的定价规则，公开招标；第二类是集团内部的优势资源和希望培育的一些资源能力，比如相关能源技术，采用内部市场化的定价规则，符合可选择（即内

部也有多个可供交易的对象）、可评价、可谈判的标准；第三类是独占资源，比如新奥集团的品牌资源，目前采用历史成本法定价。

资源交易的作用主要体现在两个方面：一方面，资源交易使得自驱体获取的资源成为成本，自驱体为了提升利润，会尽一切可能选择性价比高的资源和服务并提高资源利用效率，从而降低成本；另一方面，资源交易使赋能型自驱体输出的资源成为其收入来源，赋能型自驱体会尽一切可能提供优质和性价比高的服务，从而增加收入，冗余的职能部门则因为没有收入而自动萎缩或消失了。

· 人才流通和双向选择——激发个体活力

在新奥集团的新模式中，除了资源和服务的自由交易外，自驱体也可以自由组建团队，在集团内部和外部寻找人才。以往部门间的人才调动存在诸多问题：首先，人才信息和资料不完全公开，单个人才的信息往往被锁定在当前部门；其次，人才调动需要部门领导相互协调，而每个领导都有留存优秀人才的私心。

在当前模式下，所有员工的个人情况、工作经历、工作技能等信息均通过标签的形式上传到 iCome 平台，员工的信息完全公开透明。自驱体竞标获得事业机会后，可以在集团内部自由组建团队，可以通过薪酬、股份等市场化的手段招募其他自驱体的人才，原自驱体领头人无权阻止这类"跳槽式"的集团内部人才流通。同样，集团内部人才也可以自由选择接受或不接受某个自驱体的邀约，即实现员工选择老板。这样的人才流通和双向选择机制极大地激发了个体活力，因为不积极工作的员工没有自驱体愿意接纳，而没有前景的老板则没有员工愿意追随。

· 示险赋能和风险共担——新模式的风控机制

所有企业在经营过程中都会面临经营风险和行为风险，新奥集团也不例外。在"自驱体＋战略投资人"的模式中，经营风险由战略投资人和自驱体共担。至于行为风险，新奥集团在发展过程中积累了大量行业智慧和案例，基本上能预先判断每类项目的风险点，得以在 iCome 平台内嵌风控模型。该模型包含准确的风险识别、明确的数据要求、清晰的风控逻辑和合理的报警阈值，从而将风险数据标准嵌入业务场景中。在自驱体经营过程中，所有数据必须上传至 iCome 平台，风控模型就可以监测、示险和纠偏。这就是战略投资人的"示险赋能"，对自驱体而言，就是用"数据换资源"。

· 价值共享——实现自驱体和战略投资人共赢

成立自驱体时，战略投资人和自驱体就已通过谈判敲定了利益共享规则，通常是完成基本战略目标的自驱体可以拿到基本份额，超额完成的自驱体则可以拿到大额分成，而且自驱体可以自主分配这些利益。

此外，由于新奥集团业务的单个项目持续时间较长，战略投资人还为自驱体及其员工设置了"回购股份"这一退出机制（按照上市公司市盈率的一个折扣价计算），这对那些需要流动资金的员工而言是一个更合适的激励机制。

通过项目股份的激励、超额利润的激励、分红的激励、退出的激励等多种方式，自驱体和战略投资人实现了基于事业发展的价值共享，从而实现共赢，激发了自驱体和个体的活力。

该模式由事业机会、事业合伙、资源交易、人才流通、示险赋能、价值分享六大关键模块构成。新奥集团搭建了 iCome 平台作为这一模式落地的载体，该模式的核心逻辑如图 9-7 所示。iCome 平台是一个记录工具和资源服务的交易平台，除了可供各个自驱体之间、自驱体与战略投资人交易资源以外，还记录了事业机会的发布、战略投资人与自驱体敲定的各项规则、自驱体的运营以及每个员工成长的相关数据等，从而实现制度与规则的固化和数据的沉淀。

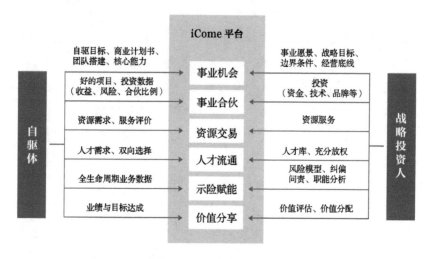

图 9-7　"自驱体 + 战略投资人"模式的核心逻辑

第 **10** 章

外部借力：
让商业模式成为突破约束条件的高效杠杆

在商业世界中，资源是企业存在的支点，商业模式则是企业发展的杠杆。好的商业模式能帮助企业清除各种发展障碍，能帮助企业集结和调动各种外部力量。

拓展空间：初创企业如何开启指数级增长

创业型企业面临诸多困难，尤其是缺乏资金，销售渠道成本高、成效不佳，经营风险高。这种企业特别需要应用商业模式的利益相关者交易思维去克服困难。

商业模式是企业的"软产品"，需要动态优化、迭代。创业型企业优化商业模式，本质上是用产品的客户价值，通过设计交易结构，借力利益相关者，解除资源能力约束——融资、生产、渠道、营销等方面的不足，从而实现企业的快速发展和价值提升。

商业模式的威力在于，可以把原本亏损的生意做成盈利生意，把常规做不大的企业做大，或者把大企业做成轻盈灵活的企业，让"大象"也能跳舞。

在创业型企业里，谁来负责商业模式的设计、优化和迭代呢？一般是创始人自己琢磨，或者由某高管负责。然而，个人的能力终究有限，最好鼓励大家都去琢磨怎么优化商业模式，让每个员工都养成商业模式思维。

找对交易主体，撬动资源能力

使用商业模式的目的是解除自身资源能力约束，用最少的资源获得最大的价值，提高资源能力的杠杆效率。普通的商业模式，经营效果可能是事倍功半；而好的商业模式则善于借力，通过优化交易结构来迅速获得所需资源能力，达到事半功倍的效果。因此，企业仅仅做到有效识别自身资源能力还不够，还要学会在交易的过程中找对交易主体，引入新的资源能力，缓解自身的资源能力约束，降低经营风险。

经常有人问我，自己的产品明明很好，为什么就是卖不动或者卖不出好价钱呢？明明自己很有本事，业务能力也很强，为什么赚不到更多的钱呢？

从商业模式的角度来看，这很可能是因为没有找对交易主体。

找对交易主体的例子，比如前面介绍的范蠡贩马的故事，范蠡找到了姜子盾这个能够帮他消除遭强盗抢劫风险的交易主体。

商业模式案例

网上有个段子，说的是历史上名医三兄弟的故事。

在三兄弟中，老大医术最高明，但是赚得最少，因为他每次在别人病情发作之前就下药铲除了病根，别人不知道他厉害。老二是在病人出现一些症状后再开药，村里人以为他只能治点小病，所以他只能赚点小钱。而找老三的一般是病情很严重的人，经他医治后康复了，所以他名闻天下，赚得最多。

三兄弟的医术与收入倒挂的原因在于选择的交易主体不同。老三选择病情很严重的人作为交易主体，所以他成为能够"起死回生"的名医，赚的钱也最多。

这虽然是个段子，但也反映了找对交易主体的重要性。中国古代哲学家追求"知行合一"，实际上要做到这一点是比较难的，现实中更高效的做法应该是"知行合作"，你"知"比较厉害，我"行"比较厉害，那我们可以合作。

选择交易主体，也就是选择和谁做交易。同样的资源能力被不同的人拥有时，发挥的价值就不一样，你要选择更能撬动它的人来和你交易。

商业模式案例

> 1976年，天才生物医药科学家赫伯·玻伊尔和失业的VC从业者罗伯特·斯万森成立了基因泰克（Genentech，又译基因技术）公司，希望利用微生物DNA重组技术来开发工程菌，再卖给大药企，帮助他们以低成本生产比竞品疗效好的激素产品。

成功无法预知、无法控制、无法确定时，降低风险的有效策略就是持续投资。但面对未知，谁会来投资？大学觉得教授团队的应用研发学术价值小，不愿资助。那么，找风险投资机构呢？面对高风险，风险投资机构也望而却步。

实际上，上述案例中最佳的交易主体是大药企，因为它们在药品研发、临床试验、政府审查以及许可、GMP（Good Manufacturing Practices，药品生产质量管理规范）生产和营销等经营活动环节有优势。与大药企合作，基因泰克公司无须独自从事成本高昂、风险巨大的药品研发工作以及烦琐漫长的政府审核和重资产制造、营销活动。

几经谈判，基因泰克公司与下游胰岛素大药企礼来达成了20年的合作研发协议。礼来设定了研发进度成果等拨款标准，技术产权属于基因泰克公司，礼来则拥有基因泰克公司的核心技术全球独家授权，用于生产和销售胰岛素，基因泰克公司按产品销售收入的6%（常规是3%～4%）收取专利费。如果基因泰克公司的研发没有如期达到礼来设定的目标，礼来就会停止付款。

为了按时完成研发任务，基因泰克公司把研发项目进行分解，从供给侧构建了项目研发合作网络，与多个大学优秀研发团队合作。

基因泰克公司在大学基础科学研究（即发现）与企业应用研发

（即技术发明）中间，创新了大企业与研发创新型创业公司合作的双赢模式。双方互为对方降低风险——基因泰克公司帮助大药企高效地组织研发工作，降低研发试错风险；大药企则帮助基因泰克公司等研发机构降低规模化和市场化过程的风险——双方共同受益。这个合作模式给礼来带来了巨大利润，仅支付了 300 万美元的研发费和 8% 的销售额提成，就赚了几十亿美元；而基因泰克公司也因此得以快速发展。2009 年，罗氏出价 470 亿美元，收购了基因泰克公司剩余的 40% 股份。

找对销售场景主体，实现低成本获客

商业模式案例

有一位天使投资人跟我说，他投资了一家卖米酒的企业。该企业一开始在电商平台卖米酒，但效果不好；后来进入商超，渠道费又比较高，再加上自身也不是知名品牌，也没什么人买。

我建议该企业的创始人重新定位客户和产品消费场景，即明确谁在喝米酒、在什么场景喝，也就是要通过产品消费场景找对交易主体。

后来，该企业经过调研发现，北京、贵州、湖南、云南等地的地方特色餐馆对米酒的需求量很大。于是，该企业就与这些地方特色餐馆合作，让服务员为其推销，只要顾客扫码下单，服务员和店长立即可以分享收益。通过这种方式，该企业的米酒不但很快打开了销路，价格还比同类产品高一点。

该米酒企业交易主体的转变如图 10-1 所示。

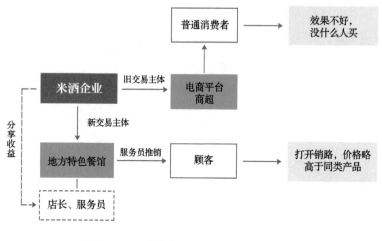

图 10-1 该米酒企业交易主体的转变

同样的米酒，跟不同的交易主体进行交易，结局大不相同。很多人爱喝米酒，但在不同的场景下，每个人的消费需求、支付意向不一样。即使该米酒的品质很好，如果将其放到需要选购的网店、商超等场景中，和普通的消费者进行交易，其价值也很难体现出来；如果将其和需要配上米酒才能更美味的地方美食放在一起，顾客只需多花一点钱就能提升就餐体验，往往就更愿意买单，而且不会纠结该米酒的价格是不是比同类产品高。

产品要触达目标客户，通常需要借助不同的场景中介，包括线上和线下不同场景。有时和明显的交易主体交易成本高、成效不佳，就需要拓宽视野，找到隐藏的交易主体。因为你的产品、手艺或资源能力，在不同人的眼里价值是不一样的，你要找到它对谁最有价值，这些人往往就愿意为它支付高价。

好的交易主体有两种：一种是对方对你的产品有购买意愿并能支付较高的价格；另一种是对方拥有的资源能力能有效解决你的问题。

商业模式案例

有几个年轻人针对生活方式的变化进行需求细分，开发出具备专业功能的小型冰箱，比如化妆品冰箱、啤酒冰箱、红酒冰箱、牛奶冰箱，可以根据客户需要在几分钟内速冻。

如何销售这种冰箱呢？

在互联网时代，销售渠道更加多样化。电商渠道有京东、小米、天猫等，线下渠道有苏宁、国美等。如果公司品牌尚不知名，且缺乏资金进行大规模营销，怎么才能找到低成本的渠道交易主体呢？

该公司创始人对体育很感兴趣，于是发现了一个隐藏渠道的交易主体——国外体育俱乐部。比如足球领域，英超、法甲、意甲、西甲等有大量俱乐部，这些俱乐部有众多球迷，球迷看球时往往要喝很多啤酒。于是，该公司就选择与国外体育俱乐部合作，获得俱乐部授权后，在冰箱打上俱乐部的Logo，美其名曰"球迷冰箱"。该公司要支付品牌费，同时每卖出一台，还要支付渠道费。

设计好交易方式和收入分配模式，解决融资需求与股权稀释冲突

商业模式案例

有一个创业团队研发了一种高效水稻品种，口感好，产量高，营养成分多。

常规的商业模式是，把水稻种子供应给育种农场，再由

育种农场供应给种植户，如图 10-2 所示。这样的话，该创业团队只是一个种源供应商，市场空间不够大，收益不够多。如果其业务沿着产业链往前延伸到育种环节，市场空间会更大，收益也会更多。但是，这样做需要租赁或者收购育种企业，建立渠道进行营销，而这又需要大量资金和雇用经营管理人员。然而，该创业团队没有足够的资产抵押，很难获得贷款。

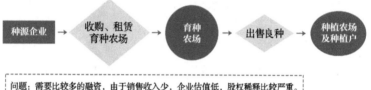

图 10-2　育种提供商的传统商业模式

也许有人会建议该创业团队找风险投资商，但他们还没有销售成果，企业估值会很低。比如，他们想融资 1000 万元，可能就需要出让 40% 以上的股份。

面对这个困境，该创业团队有没有别的解决办法呢？

按照商业模式的交易思维，该创业团队可以把种子提供给育种农场，待育种完成后，再用超过常规育种产品的价格将产品收购回来，如图 10-3 所示。溢价收购的方式虽然增加了产品收购成本，但该创业团队不用租赁或者收购育种企业，大大节约了投资成本。

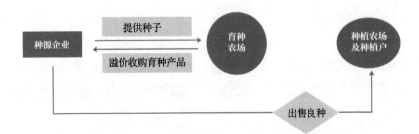

图 10-3　育种提供商商业模式的初级优化

该创业团队收购育种产品后，可与种植户进行增量分成交易。假如种植户原来每亩收获 800 千克，现在由于使用了高效水稻育种产品，产量大大提高。对于超出的产量，该创业团队可以和种植户分成，比如按 7∶3 的比例分成，让种植户拿 7 成，自己只拿 3 成，如图 10-4 所示。这样一来，就能激发种植户的交易动力，实现交易。

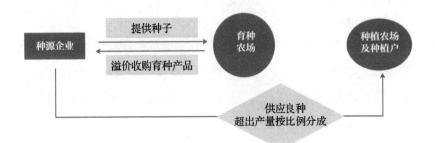

图 10-4　育种提供商商业模式的深度优化

该创业团队通过这种模式既延伸了产业链环节，扩大了市场规模，提升了投资价值，又不需要花很多钱，也不会被稀释股权。

拓展思考

现有利益相关者可能会在经营过程中为了利益而出现机会主义行为，中止合作。那么，如何增强对现有利益相关者的激励，避免交易中止的情况发生呢？

利益捆绑：中小企业如何解决融资难题

中小企业扩张的外部融资来源主要是银行贷款，但银行可能会认为其财务报表不规范、缺乏抵押品、经营不稳定，贷款风险高，不愿放贷。

中小企业融资难，表面上是因为中小企业财务报表不规范，缺乏抵押品或质押品，经营缺乏稳定性，但实际上是因为违约风险高。所以，中小企业一直面临贷款难的问题。

我们知道，商业模式是经营活动集合及利益相关者的交易结构，而利益相关者包括客户、中介机构、经销商、供应商、同行、政府部门等。按照商业模式思维，中小企业可以利用自身独特的资源能力给利益相关者创造价值，设计交易结构，借力利益相关者进行融资，包括直接向利益相关者融资和借助利益相关者的信用来融资。

下面从商业模式的角度来分析如何找对交易主体，设计利益相关者的交易结构，以解决一些中小企业融资难的问题。

引入政府金融资源，构建多级经营风险分担机制

中央政府和银保监会多年来出台了不少政策，鼓励甚至要求银行为中小企业提供贷款，但中小企业融资难的问题仍有待改善。

近年来，政府鼓励担保公司为中小企业担保，相当于引入新的利益相关者来分担风险。各地也创建了很多风险分担模式。

商业模式案例

在安徽省，单户 2000 万元以下的贷款，由融资担保公司、安徽省信用担保集团、银行、当地政府按照 4∶3∶2∶1 的比例承担风险责任，即"4321"新型政银担合作模式。

在河北省唐山市，由政府财政、投融资平台公司与合作的银行、保险公司联合成立中小微企业融资促进基金。该基金收取企业贷款 6% 的保证金，用于购买保险，承担中小微企业贷款 45% 的违约损失；提供贷款的金融机构承担 35% 的违约损失；担保公司承担 20% 的违约损失；保险公司按该基金承担的贷款损失额的 45% 赔付保费。

湖南省浏阳市花炮行业近 1000 家中小企业的工厂，大多建在农村，租赁集体土地，缺少符合商业银行贷款风险防范要求的抵押品，难以获得银行贷款。为此，浏阳市构建了"三台一会"的风险分担模式："三台"指融资平台、担保平台、政府管理平台；"一会"指愿意参与互助担保基金的花炮企业组成的信用促进会。

在浏阳市近 1000 家花炮企业中，从"出口花炮企业 30 强""内销花炮企业 30 强""花炮经营公司 10 强"等评选活动选出的企业中再筛选出 50 家左右的花炮企业，它们可根据自愿、互惠互利的原则参与和认购互助担保基金，每家企业出资金额为 30 万元以上，基金规模为 1500 多万元。出资企业可享受最高不超过出资金额 10 倍的融资担保，金信担保提供担保费减半收取的优惠政策以及基金出资的受益权。政府成立风险补偿基金，每年安排专项资金补充到风险准备金中，对参与的担保机构给予专项补贴。

浏阳市这个模式，本质上是将专业担保机构、互助担保基金、联保技术等结合在一起，建立企业还款现金流管理机制、互助担保基金，形成 4 级风险分担和补偿机制。

直接向客户融资

商业模式案例

鄂尔多斯的羊绒品质独特，但加工设备昂贵。鄂尔多斯集团前身是一家集体小企业，资金积累少，没有足够的抵押物或质押物，也找不到担保方。那么，它是如何融资的？

鄂尔多斯集团通过易货贸易融资，也就是让日本采购方提供设备，自己用羊绒抵偿设备款。若干年后，这些设备归鄂尔多斯集团所有。

鄂尔多斯集团拥有"本地羊绒品质好"这一独特价值的资源，常规做法是去融资购买设备进行生产加工，然后出售产品获利，再利用盈利购买设备扩大生产，形成"融资—生产—销售—投资"的良性循环。但是一开始企业融资难，无法实现良性循环。鄂尔多斯集团的创始人就有效利用日本采购方的融资资源和能力，与其进行交易：让其购买设备，通过产品的实物交换抵偿设备价款，实现了良性循环。

商业模式案例

> 某市经济开发区供水系统建设需要融资，政府财力有限，抵押资源已经用尽，该如何解决资金问题呢？
>
> 该开发区的做法是，让拟入园企业预付 3 年的供水费，并以供水量折算，给予供水价格优惠。这相当于预收款融资。

开发区要实现招商引资，通常需要融资去完成"三通一平""五通一平"甚至"七通一平"工作。开发区建好后，企业入园，进入生产经营阶段，需要缴纳基础设施服务费。供水系统等基础设施建设好了，政府就可以收取一定租金。本案例中，开发区管委会利用拟入园企业的融资资源和能力，通过供水量资源与其进行交易。

商业模式案例

> 湖南的彭山景区以"山水洲城"为特色，现需要花300万元配置一艘游船。有一家企业拥有景区游船的特许经营权，但缺乏资金，由于缺乏抵押物和质押物，也找不到担保，贷不到款。那么，该企业该如何解决资金问题呢？

我们先分析游船业务的利益相关者有哪些，看看能否通过利益相关者融资。

游船的最终用户是游客，而中间用户是旅行社，旅行社拥有游客资源和资金。如果能够找到 10 家旅行社，每家只要出资 30 万元就可以购买游船了。但是，如何让旅行社愿意出资呢？当然是要让它们得到足够多的好处。我们可以设计以下交易模式，如图 10-5

所示。

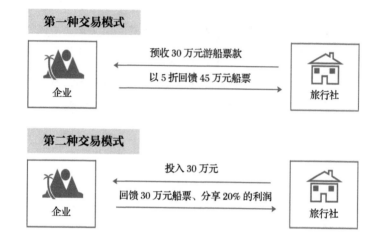

图 10-5　企业通过旅行社融资的交易模式

第一种交易模式：企业预收每家旅行社 30 万元游船票款，以 5 折优惠回馈 45 万元船票，相当于旅行社用 30 万元购买了收益比较高的理财产品。

第二种交易模式：每家旅行社投入 30 万元，企业回馈 30 万元船票，并允许它们分享游船业务 20% 的净利润。

企业通过这两种交易模式，既筹集到购买游船所需资金，又利用旅行社的游客资源锁定基本游客。

借助客户的信用资源融资

商业模式案例

SolarCity 是美国一家分布式屋顶太阳能发电设备提供商。扩张需要资金，但该公司缺乏抵押物，无法贷款。如果找风险投资人合作，由于该公司处于初创阶段，还没有销售收入，估值很低，股份会被严重稀释。如何解决这一问题呢？

　　该公司选择大型连锁超市集团作为首批客户。因为超市每天要长时间开灯照明，24 小时开启冷气，用电量大，而且门店数量多，还拥有大片闲置屋顶，是应用分布式太阳能发电技术的绝佳对象。该公司就与大型连锁超市集团签订 10 年以上的购电协议，购电价格等于或低于普通用电价格。由于客户信用等级高，且签订了长期购买协议，是能产生稳定现金流的优质资产，该公司借此可以与投资管理机构合作，设立专项投资基金，吸引保险公司、养老机构等投资者，将预期售电收益出售给投资者，这样就可以解决融资难的问题，且不会被稀释股份。该公司借力客户信用资源的融资模式如图 10-6 所示。

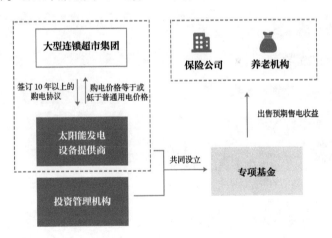

图 10-6　太阳能发电设备提供商借助客户信用资源的融资模式

　　上述几种模式都是向终端客户或者中间经营者、经销商融资。我们之前提到，特许加盟、众筹等模式都是利用上下游企业、政府部门甚至同行等拥有资金或者信用等级高的利益相关者融资。

例如，可口可乐创始人发明了可乐配方和浓缩液生产技术，但缺乏资金和经营管理经验，该如何开展大规模生产和营销活动，得以快速发展呢？可口可乐早期向拥有资金和经营管理能力的人授予永久性区域装瓶和销售独家经营权，让他们去投资工厂和经营，自己则以固定的价格向他们供应浓缩液，按瓶收取费用，从中获得收益。

蒙牛、伊利等乳品企业早期的产能扩张需要投资自动化灌装设备，没有资金怎么办？乳品企业可以通过与设备供应商交易来解决问题，比如只支付 20% 的设备价款，并约定若干年内购买其包装耗材。

以上企业融资难的解决方案给我们什么启示呢？做生意，眼光要放长远些：不一定要赚当下的钱，而要利用自身资源能力的价值，借力客户、上下游企业、政府部门等利益相关者来融资，解决融资难的问题，并积累资源能力——经营能力、信用能力、品牌等，赚后续项目的钱。

拓展思考

针对中小企业融资难的问题，还有哪些解决方案？

优势互补：民企和国企如何实现双赢

如果企业开发了一款能解决客户痛点、深受客户喜爱的产品，订单快速增加，这当然是好事。企业都希望乘机快速扩张产能，但产能扩张需要资金，而小型民企的抵押物和质押物不足，信用等级不高，会导致债务融资规模小、期限短、利率高。即使贷了款，一遇到金融调控，民企也容易被抽贷，出现资金链断裂问题，进而引发经营危机和财务危机。而民间借贷利率高，会造成民企的财务危机风险大。

然而，如果企业选择保守发展，则发展速度慢，占领的市场份额小，容易被资金实力强的竞争对手赶超。民企该如何解决这一问题呢？是否有第三条路可选？

民企与国企的债务融资优势高度互补

商业模式案例

某民企开发了一款升降建筑脚手架，比传统的脚手架更安全、更环保、成本低、生产快。该公司按常规的租赁模式获客，希望快速扩大市场份额。

该公司面临回款期长，自有资金不足的问题。其债务融资难的原因是：首先，民营非上市企业难以获得信用贷款，即使获得贷款，也是规模小、期限短、利率高（利率为 7% ～ 8%）；其次，脚手架产品可拆卸、易搬运，不符合融资租赁的资产标准，无法从融资租赁公司等获得资金。

那么，可否进行股权融资呢，比如 VC 融资？因该公司估值低，VC 对其持观望态度。

该公司就分解经营活动，把租赁环节独立出来，但仍负责研发、生产、运输与安装、维保等业务，如图 10-7 所示。在地方政府的支持下，该公司与当地国企成立合资公司，由国企控股 60%，该公司占股 40%。

研发　生产　**租赁**　运输与安装　维保

图 10-7　某民企业务构成模式

在这种模式下，当地国企从银行获得低成本、中长期贷款，然后向合资公司提供股东借款，购买该公司的脚手架产品，而后租赁给建筑公司。当地国企还帮助合资公司获客。该公司因此解决了产能扩张的资金难题，其收入包括产品销售收入、设备维护服务收入和合资公司利润分红。

在这个案例中，民企的产品优势与国企的债务融资优势高度互补，二者通过交易，共同创造和分享价值。这是在中国金融系统环境下，国企与民企合作的双赢模式。

借助合作者的资源能力，将重资产转化为轻资产

商业模式案例

随着生活品质的提升，人们对蔬菜的需求不分季节，即出现了全季消费需求。但是，在传统农业种植模式下，蔬菜的供给是有季节性的。因此，消除供需结构时间的不匹配成就了一个巨大的商机。

青岛浩丰现代农业发展有限公司（以下简称浩丰农业公司）利用不同维度、不同海拔地区的气候差异，在全国选择多个生产基地，保证各个季节均有稳定的蔬果供应。该公司的业务拆分模式如图10-8所示。

图 10-8　浩丰农业公司的业务拆分模式

　　该公司为这些生产基地提供土地、种苗，并在当地雇农户，按照与当地气候适宜的生产标准从事生产活动。多处选址的技术路线虽然能实现全季节生产，但该方式受制于地理因素，难以实现规模化。

　　该公司决定采用创新的种植模式：以阳光玻璃温室的工厂化无土栽培代替传统的大田生产，通过玻璃温室内的传感器获取数据，精准控制温室内的环境，实现全季节生产的规模化。但是，建造阳光玻璃温室需要购买土地，配置玻璃建材、传感器、数控系统等装备，投资和运维成本高，资金回收周期长，该公司如何解决这一问题呢？

　　阳光玻璃温室的产品供应方为央企中国建材集团。该公司就与中国建材集团达成合作协议，双方成立合资公司。合资公司由中国建材集团旗下的凯盛公司控股。中国建材集团旗下的国际工程公司为合资公司建造阳光玻璃温室，再通过旗下的融资租赁公司租赁给合资公司。

　　中国建材集团以国企的身份对接地方政府，寻找当地有意向投资农业的企业，并由这些企业进行土地投资。在土地投资过程中，第三方融资租赁公司也会给有资金需求的企业提供金融服务。

　　借助中国建材集团的阳光玻璃温室建造能力和资金支持，合资公司把业务前端的"建造阳光玻璃温室"这个重资产环节转化为轻资产，大大降低了智能温室的投资成本，具体的商业模式如图 10-9 所示。

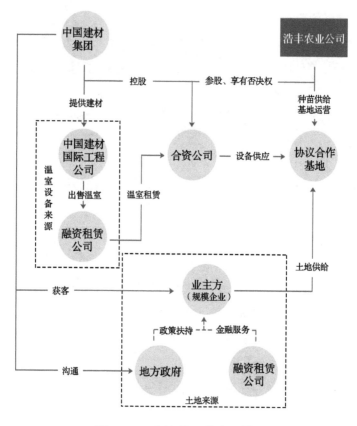

图 10-9　合资公司的商业模式

实践：金蝶、华霆如何将"五力"化为"五利"

按照波特的战略理论，企业面临 5 种外部竞争威胁，由这些威胁构成的五力框架如图 10-10 所示。

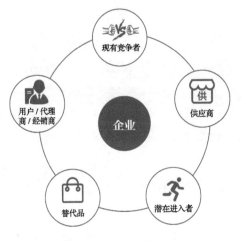

图 10-10　五力框架

五力框架下的几种情景如下。

第一，头部企业不希望被外部供应商控制，开始自己研发和掌控一些产品的核心技术。

例如，Nuance 公司是语音技术先行者，全球最大的语音技术供应商之一，苹果、三星、亚马逊、诺基亚均使用其产品。它通过收购 40 多家技术公司，巩固和加强"专利护城河"，业务范围涉及语音、输入法、医疗等领域。后来，互联网巨头发力语音技术研究，比如谷歌、微软、亚马逊分别推出语音服务，Nuance 公司面临围剿，导致骨干人才跳槽、股价下跌。

科大讯飞是国内语音技术的领先者，阿里巴巴、腾讯、百度、小米、字节跳动等都是它的客户，但后来不少企业自己开发智能语音系统，甚至从它那里挖走骨干人才，使它面临重大威胁。

因此，当外部服务商面对头部客户企业的竞争时，头部客户企业拥有资金实力，即使没有技术团队，也可以招兵买马，甚至从外部供应商等专业公司挖人，使现有专业公司既失去订单，又流失骨干人才。

第二，出现风口行业时，大的 B 端客户、供应商以及其他行业的巨头也会跃跃欲试，试图进入该行业，希望占据一席之地。比如储能电池行业，电池生产企业、电网企业纷纷进入。

第三，随着一些行业头部企业对产品和服务的要求提高了，对产业链、生态圈整合的需求增加了，很多外部服务商的服务模式已经满足不了它们的需求。于是，头部企业开始自己完成价值链上的某些经营活动，成立独立部门替代外部服务商，并且对外开展服务，成为外部服务商的竞争对手。

这逐渐变成一种趋势。例如，越来越多的行业头部企业自主研发 IT 系统，然后给上下游企业甚至同行提供 IT 服务，给原来的 IT 企业造成巨大的替代品威胁。

由于产业竞争结构发生了重大变化，很多行业出现了龙头企业，也就是人们常说的头部企业。这些头部企业都在调整战略定位，升级商业模式，致力于整合产业链，打造生态圈，提供供应链管理、供应链金融服务，实施"互联网＋"行动计划，实现数字化转型，而这需要强大的 IT 系统支持。建设这样的 IT 系统需要专门的团队，需要深度参与和了解经营活动，需要持续改善和升级 IT 系统，而传统的 IT 企业是外部服务商，不会常驻企业，难以满足头部企业的要求。因此，这些头部企业会成立自己的 IT 部门。这些企业内部的 IT 服务与自身业务深度结合，其 IT 系统更符合业务需要，所以会成为真正的行业 IT 服务商，给原来的 IT 服务商造成重大威胁。

例如，亚马逊的主业本来是电商，起初是在网上销售图书，后来扩展到全品类。为改善运营效率和用户体验，亚马逊需要持续改善和升级 IT 系统。常规的 IT 集成服务商难以深入和持续跟随企业的发展来完善 IT 系统，大多止步于出售软件系统。因此，亚马逊成立专门的 IT 部门，投入巨资，自主开发 IT 系统。按常规，企业内部的 IT 是成本中心。亚马逊 IT 部门紧随公司业务发展，不断完善和升级 IT 系统，形成强大的数据化、智能化能力，而这些 IT 服务能力，其他企业也需要。于是，亚马逊就把 IT 部门分拆出来，成立专门的云计算科技服务公司。

财报显示，亚马逊的云计算服务业务在 2019 年前三个季度的总营收超过 250 亿美元，而且每年以 30% ～ 40% 的速度增长。在竞争美国国防部 100 亿美元的云服务项目时，亚马逊打败了微软、谷歌、甲骨文公司。

那么，传统的 IT 服务商怎么办？

传统的 IT 行业围绕用户需求和自身需要，对产品和商业模式进行过多次优化。其发展模式从一开始的出售软件，到收取许可费和年服务费，再到 SaaS 模式，再到打造云平台，本质上还是自己研发出标准化软件或为企业定制软件，每年提供一些升级服务，仍然扮演着软件产品外部供应商的角色，与用户只是产品交易关系。因此，软件行业一直面临的问题是，软件的需求在增加，但 IT 行业的企业利润率在下降，企业生存困难。针对这种情况，仅仅改善产品服务显然难以奏效。

那么，软件行业的企业该如何有效解决这些问题呢？除了提升自身的技术能力和产品品质以增强竞争优势外，软件企业要学会在五力威胁中寻找利益相关者，如图 10-11 所示。企业要与拥有优质资源能力的利益相关者合作，合作者甚至可以是当前或潜在威胁者；放弃和回避竞争，出售控制权；调整商业模式，改变与用户或供应商的交易模式；调整企业角色定位，减少、收缩经营活动，化竞争为合作。

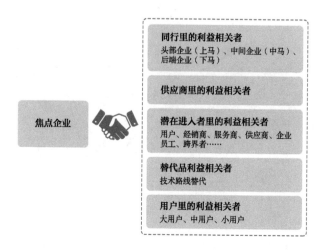

图 10-11　在五力威胁中寻找利益相关者

金蝶软件：与用户合作

商业模式案例

温氏集团作为养殖业的龙头企业，一直在坚持数字化转型，先后与金蝶集团、网易、中兴等 IT 企业在大数据、云服务、电商等众多领域展开合作，建立了一套以"互联网+"为基础的企业产、供、销、人、财、物高度集成的信息管理系统，以实现产业链全覆盖，实时掌握整个集团的生产经营动态。

金蝶集团是企业管理软件行业的头部企业，也一直在升级转型。

2019 年 1 月 16 日，金蝶集团正式与温氏集团合作，成立了合资公司。合资公司以温氏集团为标杆，瞄准万亿农牧市场，充分利用金蝶集团和温氏集团各自在互联网、物联网、区块链、云计算等领域的技术，以及在现代农牧行业的优质资源与核心能力，搭建农牧行业数字化平台。合资公司通过数字化平台整合全行业，全面推动农牧行业上下游及商业生态合作伙伴的数字化、智能化，惠及千千万万农户，提升了行业企业、养殖户的经营管理效率。

对金蝶集团来说，通过与养殖行业的龙头企业一起完善和升级 IT 系统，使自己成为真正的行业 IT 服务商。金蝶集团从外部产品供应商到内部运营合作者，转变为真正的行业 IT 服务商，获得行业性的 IT 服务持续收入。

对温氏集团来说，通过与金蝶集团成立合资公司，为全行业提供 IT 服务，可以把企业内部的 IT 部门从成本中心转变为利润中心，实现资源能力变现，甚至成为一家上市公司。比如，金蝶云·苍穹平台开发了农牧行业解决方案，开展农牧行业相关互联网整体解决方案的咨询服务与产品开发，帮助温氏集团进行产业价值链数字化重构，促进温氏集团及其产业链上下游合作伙伴与农户的业务发展，并适时助力国内其他农牧养殖企业。

金蝶集团还可以进一步拓展业务，与其他行业的头部企业合作成立 IT 公司。比如，与建筑、餐饮等行业的头部企业合作，服务于整个行业的数字化转型。

华霆动力：与客户定制化合作

华霆动力作为新能源汽车动力系统总成及关键部件提供商，核心业务为设计和制造乘用车动力系统（含成组及管理系统），作为一级供应商为国内外的主机厂提供配套服务。公司还从事商用车动力系统、工业装备电池系统。与储能等相关技术衍生领域的业务。

华霆动力的联合创始人、董事长、首席执行官周鹏博士，曾任特斯拉公司研发总监及动力系统总工程师。周鹏本科和硕士毕业于中国科学技术大学，获斯坦福大学双博士学位，是美国能源部 ARPA-E 电动汽车热电联储项目首席科学家。其核心团队成员均有 10 年以上的电池系统开发、设计经验，有数十款电动汽车项目的开发经验。

华霆动力开发了具有完全自主知识产权的制造工艺、工装、制造设备和检测设备；在电池组制造的关键工艺上取得突破，实现了包括极片整形、集流板铆接、极片焊接等的自动化；自主开发了相关制造设备，保证了电池模组生产的一致性和电池系统的大规模产业化，成为国内电动乘用车电池系统的第一大供应商。

华霆动力面临的威胁如下。

国内众多电池厂、车厂纷纷规划自建 PACK 线。2017 年以来，工信部推荐目录车型配套的电池、电机等信息显示，80% 左右的电池 PACK 由电芯企业和整车企业完成。像华霆动力这种第三方 PACK 公司在夹缝中生存，市场占有率从 30% 下降到不足 20%，业内甚至开始质疑这种公司存在的必要性。

部分第三方 PACK 公司选择与动力电池厂建立合作关系，虽然可以收获一定订单，但会与终端汽车厂家和市场缺乏直接联系，对应生产线、产品存在滞后于市场需求的风险。

还有一部分第三方 PACK 公司紧随电动车市场热点：客车市场火爆就提供客车 PACK，物流车市场火爆就转战物流车 PACK。虽然这在一定时期能凭借市场红利实现盈利，但在行业技术积累和专业领域沉淀上必会有所缺失。

华霆动力的对策如下。

首先做好产品定位，专注于乘用车型 PACK 和增强定制设计能力。

各家车企推出的新能源乘用车型存在差异，对于接手的每一款车型和项目，华霆动力都会进行针对性规划，根据不同车型的底盘、三电、BMS功能需求定制动力电池包，先后为江淮、吉利、东南、长城、北汽、上汽、云度、TATA等品牌的电动车型供货，并分别为江淮、云度旗下系列车型提供专属产品。

其次，进行商业模式调整，与车企合资经营定制化车间，工厂设在新能源汽车公司制造厂区的厂房内，成为客户的PACK产品部。

例如，2017年12月，华霆动力与江淮汽车分别持股50%的合资工厂正式落成。新工厂占地超8万平方米，规划生产线20多条。日后江淮系车型（包括江淮与大众合资组建的纯电动乘用车品牌）将最大限度使用华霆动力的产品。

拓展思考

面对瞬息万变的商业市场，传统的大学和商学院该如何创新以培养人才呢？

产品同质化竞争：与相对处于劣势的同行合作

产品同质化竞争是企业发展的一个必经阶段。在竞争过程中，一些头部企业陷入经营危机和财务危机，同时面临五力威胁。此时，企业需要思考如何找到利益相关者，形成共赢的交易结构。

商业模式案例

有个生产铝型材产品的企业家说，他所在的行业经过几轮竞争后，还剩400多家企业，后来竞争更为激烈，利润越来越微薄。

按行业内业务规模排名，这位企业家的企业排在第 10 名。这个名次可能听起来还不错，但是，随着行业集中度不断提高，产能逐渐过剩，400 家企业可能慢慢变成 200 家、100 家，越来越多的企业被淘汰，最后能进入头部的企业可能只有两三家，到底谁能成为头部企业就不确定了。

我们在学校运动会的长跑比赛中经常看到，第一圈、第二圈跑第一的，往往不是最后的冠军。做企业就是长跑，现在排第十，却未必能占绝对优势。而且，铝型材产品基本上没有差异，竞争获胜主要靠低成本。此外，企业还要避免在行业低迷期由于银根紧缩出现现金流断裂。所以，想最终成为头部企业并非易事。

这位企业家当时希望每年稳步前进一名，并扩大企业规模，但和前几名相比，好像并没有多大优势。

这位企业家该怎么办？

这位企业家观察到行业前几名的做法仍然是常规发展模式——买地、建厂房、买设备、招人。这会带来一系列问题：整个行业的产能规模进一步扩大，产能必然过剩。

市场竞争有 5 个"一定会"：宏观一定会调控，银根一定会紧缩，产能一定会过剩，一定会有企业出现财务危机，行业集中度一定会提高。"剩"者为王，谁会剩下？成本低且现金流不会断裂的企业最终能剩下。

按常规发展模式扩张的企业，往往负债高，设备折旧率高，人员成本高，刚性现金流出量大。如果打价格战，企业产能利用率低，设备闲置，应收账款收不上来，存货多，融资难，很容易陷入财务困境。

　　这位企业家又进一步观察第 11 名到第 30 名的企业在干什么，结果发现它们的处境更差，不少企业不想干下去，但不干又会面临资产沉没。

　　这位企业家决定换个玩法，采用与前几名企业不同的轻资产扩张模式。他把第 11 名到第 30 名企业的负责人走访了一遍，挑出那些不想干的，说服他们接受托管模式，比如托管 5 年，由他的企业每年支付一定租金，租用他们的厂房、设备、人员。

　　这样，这位企业家就以很少的资金扩大了可支配的产能。因为这个产能不是他投资带来的，他只是撬动了已有的存量资源，拥有了可支配权，如图 10-12 所示。此外，这些厂家都有现成的客户资源，他可以统一接管过来，这样就降低了获客成本。同时，产能托管量大了以后，就可以集中采购，从而降低原材料成本。这样再和前几名竞争，他的企业就有了成本优势。一旦行业低迷，产能过剩，他的企业还可以维持经营，甚至可以择机收购排名靠前却已陷入财务危机的企业。

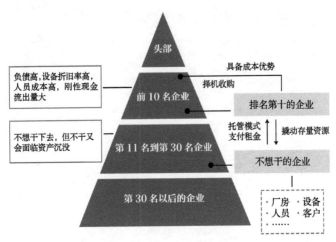

图 10-12　排名第十的铝材企业撬动存量资源增强优势

这种轻资产模式让一个本来没有太大优势的企业具备了竞争优势，降低了投入成本和风险，扩大了生产规模，获得了更高的收益。

EPILOGUE ◀ 后 记

很多企业家喜欢在办公室摆"天道酬勤""难得糊涂"等书法作品，但我建议你摆3张图：第一张是产业链图，看看上下游在发生什么重大变化；第二张是生态圈图，看看周边产业生态跟你的企业有什么关系；第三张是交易结构图，看看你跟谁交易以及你们是怎么交易的。然后，你要列一张表，动态盘点你和当前及潜在交易主体有何资源能力和交易方式，思考如何进行商业模式优化设计。

商业生态系统时刻在发生变化，企业家需要随时保持敏锐的洞察力。一流的企业家，首先是个商业洞见者，能够发现交易价值来源，然后是个交易方式的创新者。

做企业，有3种人很厉害：第一种人对行业有深刻了解，能够发现行业存在某些重大缺陷，但没人愿意改，他就去改；第二种人虽不懂行业，但他懂投资，可以找人去研究行业，从中发现商机；第三种人对商业模式有感觉，做企业的理念和思维方式与众不同。

第三种人就像设计师，善于设计商业模式，喜欢琢磨以什么样的模式来运营企业。企业发展须具备4种思维：战略思维、管理思维、金融思维和商业模式思维。前3种思维，谈的人很多；最后一种思维，则较少人谈及。

我认为，企业家首先要把自己当成一个设计师。不少企业家学了很多管理知识，却仍说不清企业是怎么赚钱的。其实，只要设计好了商业模式，盈利模式就一清二楚。

同样是设计师，三流选手和一流高手一看就有差别，关键在于设计够不够亮丽。好的商业模式一看就有美感，就像艺术品一样让人赏心悦目。好的商业模式不一定每个环节都是最好的，但所有资源能力组合在一起时却很亮丽。

企业选择何种商业模式，客观上取决于自身的资源能力，主观上则受企业家格局和价值观的影响。不过，商业模式也有反作用力。很多时候，你的商业模式格局决定了你的管理方式，换一个商业模式，你可能就不需要这么管了。一个好的企业家，应该善于设计好的商业模式，把内部管理关系变为交易关系，把外部资源能力通过交易为你所用。

商海本就风云变幻，数字化时代更是让一切瞬息万变。企业永远不能静态地停留在过往的定义上，需要在多变的市场环境下具备转型升级的能力。否则，明星企业也会陨落。IBM 就是一个不断重新定义自己、多次成功转型升级的典范。

企业想保持活力与竞争力，就需要不断优化、升级甚至重构商业模式。而且，商业模式本身也是有生命周期的，也会老化或同质化。因此，企业创建或选择某种商业模式，并非一劳永逸，也不应一成不变，而应时刻观察商业环境的变化，及时调整。

随着互联网、移动通信、物联网、云计算、区块链、人工智能、5G 等数据智能科技的全面应用，社会经济活动逐渐实现实时、在线、智能（自动）、可视、可靠。这必然会重塑产业生态，重组产业分工，重造业务流程，重定企业角色，重构商业模式。那么，数字化到底改变了商业模式哪些方面呢？我将在下一本书详细介绍数字化驱动的商业模式，这里仅简单介绍几点变化。

第一，数字化改变了经营活动和管理活动。数字化驱动的商业模式在一定程度上减少了中介环节，比如可以直达消费者（DTC）、直达制造（DTM）；与此同时，也增加了与数据相关的新活动，产生了数据产业生态活动及经营主体，比如数字化研发、制造、营销等。

第二，数字化扩大了交易范围，增加了交易主体。互联网的发展扩大了交易边界和范围，数据资源的积累增加了交易主体，因为数据的受益者众多。此外，数据产业生态的形成也增加了新的交易主体，比如数据营销机构。

第三，数字化改变了交易方向和交易方式。在数字化条件下，企业可以通过社群交互、消费者偏好数据分析，对用户进行精准画像，然后对产品进行优化设计，并按用户的需求定制产品，通过物流直接将产品配送给用户。用户和企业都可以随时监控生产和配送进程，追溯过程。交易方向从 B2C 变为 C2B，提高了产品研发和营销效率，企业可以精准生产，降低库存损失。

第四，数字化丰富了交易收支方式。技术带来的变革使交易收支方式得到拓展和丰富，比如改变了收支定量的原理和模型。以前因为难以精准度量产品或服务给用户及其他利益相关者创造的价值，大多数企业就采用成本加成法来定价。而在数字化时代，产品或服务对用户的价值贡献更容易被度量，因此可转为用户价值定价法。

第五，数字化提高了风险管理效率。例如，大数据风控模型给小微企业授信，不依赖财务报表和规范的会计报表，而是利用多场景活动过程（经营、贸易、社交、消费、出行、税收等）的交易数据及交往信息，结合机器学习算法，精准评估企业信用风险并识别造假行为，及时进行风险预警，形成一套无须强相关变量的信用风险评估与防控机制。

和生物一样，企业的发展也有生命周期。不同的是，当商业环境发生重大变化时，企业可以通过重构商业模式返老还童，逃逸出原生命周期，进入一个新的循环。如果企业每次都能抓住重构商业模式的契机，就有可能长生不老。